ERLEBE DEN OZEAN!

inkl. VR-Brille

OZEANE

FASZINIERENDE UNTERWASSERWELT

CARLSEN

ASSATA FRAUHAMMER

OZEANE

Faszinierende Unterwasserwelt

CARLSEN

Völckersstr. 14–20, 22765 Hamburg
ISBN 978-3-551-22084-4
Autorin: Assata Frauhammer
Redaktion: Steffi Korda, Büro für Kinder- & Erwachsenenliteratur, Hamburg
Fachliche Beratung: Dr. Timo Moritz, Deutsches Meeresmuseum
Umschlaggestaltung und Layout: Peter Mrozek
Herstellung: Maria Niemann

CARLSEN-Bücher gibt es überall im Buchhandel und auf www.carlsen.de

INHALTSVERZEICHNIS

Faszinierende Unterwasserwelt – Über dieses Buch	Seite 6
Ganz schön nass – Der Wasserplanet	Seite 8
Nichts als Regen – Wie das Wasser auf die Erde kam	Seite 10
Einfach riesig – Die Meere der Erde	Seite 12
Immer in Bewegung – Wellen und Strömungen	Seite 14
Land unter – Das Wattenmeer	Seite 16
Am Rand – Küste und Küstengewässer	Seite 18
Am Boden – Der Meeresgrund	Seite 20
Auf hoher See – Der offene Ozean	Seite 22
Bunt und voller Leben – Korallenriffe	Seite 24
Dunkel und geheimnisvoll – Die Tiefsee	Seite 26
Im Wasser zu Hause – Meeresbewohner	Seite 28
Die ersten Wirbeltiere – Fische	Seite 30
Gefürchteter Jäger – Der Hai	Seite 32
Meeressäuger – Wale und Delfine	Seite 34
Achtung, giftig – Gefährliche Meeresbewohner	Seite 36
Abgefahren! – Die wundersame Welt der Ozeane	Seite 38
Unter Druck – Meeresforschung	Seite 40
Schatzkammer – Wie der Mensch das Meer nutzt	Seite 42
Mehr als heiße Luft – Meer und Klima	Seite 44
In schlechtem Zustand – Ozeane in Gefahr	Seite 46
Überall Müll – Plastik in den Ozeanen	Seite 48
Schauergeschichten – Unheimliches Meer	Seite 50
Glossar	Seite 52
Bilderverzeichnis	Seite 54

FASZINIERENDE UNTERWASSERWELT

ÜBER DIESES BUCH

Gefährliche Räuber, schillernde Korallenriffe und Wale, so schwer wie 50 Elefanten – unter der Meeresoberfläche tut sich eine faszinierende Welt auf. Doch die Ozeane sind in Gefahr: Verschmutzung, Überfischung und Erwärmung machen den Meeren und ihren Bewohnern zu schaffen. Wir nehmen dich mit auf eine Reise in die Tiefe, zu zerklüfteten Felsküsten und durch tosende Wellen. Danach weißt du, welches Meerestier das giftigste ist, warum Korallen erbleichen und wie Tiere in der Tiefsee überleben können. Lerne die Ozeane und ihre Geheimnisse kennen und erfahre, wie du ihnen helfen kannst.

Zahlen: Unvorstellbar viel, riesengroß oder unglaublich tief – einige besonders spannende Zahlen rund um die Ozeane heben wir in diesen Extra-Kästen hervor.

AHA!

DIE OZEANE

Über die Ozeane gibt es unendlich viel zu berichten. In den AHA-Kästen findest du spannendes Zusatzwissen, mit dem du deine Freunde, Eltern und Lehrer beeindrucken kannst.

Suche dieses Zeichen im Buch. Die so markierten Inhalte kannst du dir auch mit der VR-Brille anschauen.

Am Ende des Buches findest du ein Wörterverzeichnis, in dem wir alle wichtigen Begriffe rund ums Thema Ozean noch einmal kurz erklären. So kannst du sie immer wieder nachschlagen.

So erkundest du den Ozean mit deiner Virtual-Reality-Brille:

- Lade dir die kostenlose App auf dein Handy.
- Starte die App.
- Nimm die Virtual-Reality-Brille aus der Tasche vorne im Buch.
- Falte die Brille zusammen:

1

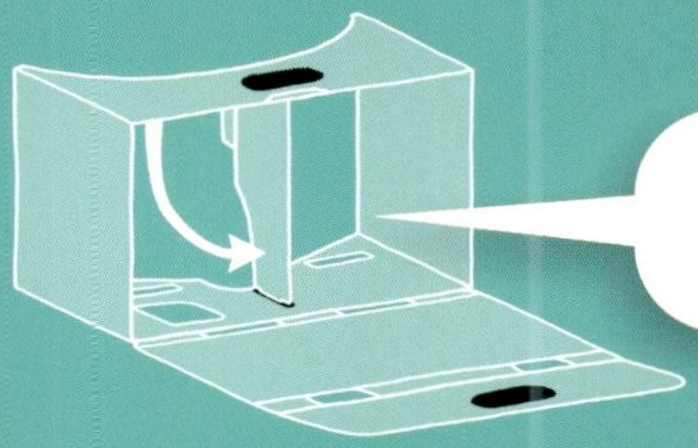

Klappe die Brille auf und fixiere den Mittelsteg in dem kleinen Loch unten.

2

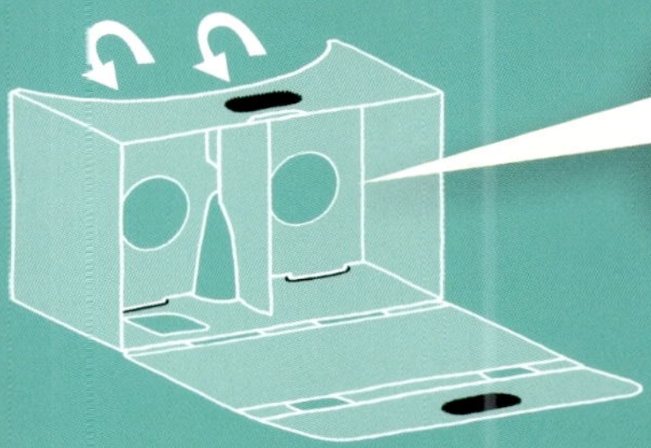

Dann klappst du das Visier mit den Linsen herunter.

3

Lege das Smartphone vorne in die Brille hinein und fixiere es mit dem Klettverschluss.

- Am besten hältst du die Brille mit beiden Händen fest, damit das Smartphone an den Seiten nicht hinausrutscht.

In den Infokästen erklären wir dir wichtige Begriffe rund um die Ozeane genauer.

GANZ SCHÖN NASS

DER WASSERPLANET

Die Erde ist vom Weltraum aus betrachtet blau.

Die bunten Korallenriffe werden auch „Regenwälder der Meere" genannt. Dort ist die Artenvielfalt besonders groß.

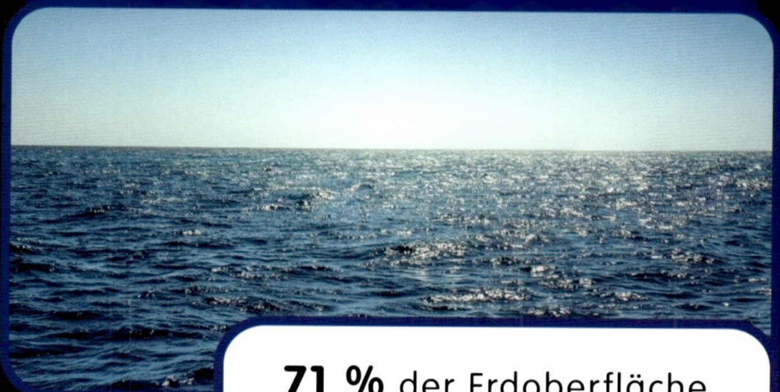

71 % der Erdoberfläche sind von Wasser bedeckt.

AHA!

LEBENSWICHTIG

Chemisch gesehen ist Wasser eine Verbindung von **Sauerstoff** und **Wasserstoff**. Reines Wasser ist durchsichtig, es hat keinen Geschmack und keinen Geruch. In der Natur ist reines Wasser aber sehr selten, meist haben sich Salze oder andere Stoffe darin aufgelöst. Wasser kommt auf der Erde in drei Formen vor: flüssig, in fester Form als Eis und gasförmig als Wasserdampf. Die meisten Lebewesen bestehen zu einem großen Teil aus Wasser. Ohne Wasser könnten Menschen, Tiere und Pflanzen nicht überleben.

Im Jahr 1968 flogen amerikanische Astronauten zum ersten Mal um den Mond. Als sie von unterwegs auf ihre Heimat zurückschauten, sahen sie es ganz deutlich: Die Erde ist ein blauer Planet. Etwa zwei Drittel ihrer Oberfläche sind von Wasser bedeckt. Wissenschaftler haben berechnet, dass es auf der Erde ungefähr 1,386 Milliarden Kubikkilometer Wasser gibt. Das sind etwa 1.386 Trillionen Liter oder in Zahlen: 1.385.984.600.000.000.000.000. Das ist so viel, dass man es sich unmöglich vorstellen kann. Die Erde ist der einzige Planet in unserem Sonnensystem, von dem wir wissen, dass es dort flüssiges Wasser gibt. Und dann gleich so viel davon!

Kein Trinkwasser

Würde das gesamte Wasser der Erde in eine Badewanne passen, so wäre nur ein kleiner Eimer davon Süßwasser. Alles andere ist salziges Meerwasser und befindet sich größtenteils in den riesigen Ozeanen. Es ist als Trinkwasser ungeeignet. So kommt das Salz ins Meer: Wenn es über dem **Festland** regnet, sickert das Wasser in den Boden. Es löst Salze aus dem Gestein, spült sie in die Flüsse und von dort ins Meer. Da dabei nur ganz wenig Salz auf einmal transportiert wird, schmeckt Flusswasser nicht salzig. Im Meer aber sammelt sich das Salz seit Millionen Jahren an. Hinzu kommen Salze aus dem Ozeanboden und aus Unterwasser-Vulkanen.

Riesig und geheimnisvoll

Vielleicht warst du schon einmal am Meer und hast auf die riesige blaue Fläche hinausgeschaut. Scheinbar endlos dehnt sie sich aus. Unter der Wasseroberfläche wimmelt es nur so von Leben. Die Ozeane sind der größte Lebensraum der Erde. Forscher vermuten, dass dort Millionen verschiedene Tier- und Pflanzenarten leben, von denen wir nur einen winzig kleinen Teil kennen. Das Meer ist einfach zu groß und zu tief! Selbst über den Mond wissen wir besser Bescheid als über die Tiefen der Ozeane.

NICHTS ALS REGEN

WIE DAS WASSER AUF DIE ERDE KAM

Kannst du dir eine Welt ohne Wasser vorstellen? Tatsächlich war die Erde lange Zeit ein wasserloser Planet. Als unser Heimatplanet vor 4,5 Milliarden Jahren entstand, war er ein glühender Klumpen aus flüssigem Gestein. Erst nach und nach entstand der schalenförmige Aufbau der Erde: Schweres Metall wie Eisen und Nickel sank in die Erdmitte ab und bildete den Kern. Leichtere **Elemente** und vor allem Gase stiegen nach außen. So entstanden die Erdkruste und die **Erdatmosphäre**. Die Schwerkraft hielt alles zusammen.

Der Ur-Ozean entsteht

Auf dieser frühen Erde gab es noch kein flüssiges Wasser. Vulkane schossen ständig **Lava** zusammen mit Gasen und Asche hinaus. Dabei entwich auch Wasserdampf. Mit der Zeit sammelte sich mehr und mehr davon in der Atmosphäre. Als sich die Erde immer weiter abkühlte, bildete der Wasserdampf Wolken. Und schließlich begann es zu regnen. Es regnete vermutlich mehrere Millionen Jahre lang! Der Regen enthielt Säuren, die die erkalteten Gesteine an der Erdoberfläche zerfraßen. Es entstanden Becken, in denen sich das Wasser sammeln konnte. So bildeten sich Ozeane und darum herum Kontinente, Berge und Täler auf der Erde. Zuerst hingen aber alle Landmassen zusammen. Das war der Ur-Kontinent Pangäa. Er war umgeben von einem großen Weltmeer: Panthalassa.

Wasser im Sonnensystem

Einige Wissenschaftler sind der Meinung, dass nur ein Teil des Wassers auf der Erde aus dem Planeten selbst stammt. Der Rest soll mit Kometen, Asteroiden und Meteoriten aus dem All auf die Erde gelangt sein. Warum aber gibt es auf den anderen Planeten unseres Sonnensystems keine Meere? Der kleine Planet Merkur etwa hat nicht genügend Schwerkraft, um eine Atmosphäre festzuhalten. Der Wasserdampf konnte einfach ins All entweichen. Auf der Venus gab es früher vermutlich große Wassermengen. Auch heute noch gibt es dort Wasser in gasförmiger Form, das die Venus aufgrund ihrer Nähe zur Sonne aber stetig verliert. Die Gasplaneten Jupiter, Saturn, Uranus und Neptun haben keine feste Oberfläche, auf der sich Meere ansammeln könnten. Auf dem Mars oder dem Jupitermond Europa könnte es aber flüssiges Wasser geben – unter einer dicken Eisschicht verborgen.

Seit das Wasser auf der Erde ist, ist nur sehr wenig verloren gegangen. Das Wasser, das aus dem Meer und anderen Gewässern verdunstet, fällt später wieder als Regen vom Himmel. Über Bäche und Flüsse gelangt es zurück ins Meer. Das ist der Wasserkreislauf.

AHA!

RUHELOSE ERDE

Die Erdkruste ist nur etwa zehn bis 30 Kilometer dick. Auf ihr liegen die Ozeane und eine dünne Erdschicht, die Kontinente. Die Kruste besteht aus mehreren Teilen. Wie riesige Flöße schwimmen die Erdplatten auf dickflüssigem geschmolzenen Gestein. Sie sind ständig in Bewegung. So ist der Ur-Kontinent Pangäa vor 150 Millionen Jahren auseinandergebrochen. Das zwischen den Bruchstücken liegende Becken füllte sich mit Wasser, und der Atlantik bildete sich. Auch heute noch verändern die Ozeanbecken ihre Form. Durch die Bewegung der Erdplatten können sogar neue Ozeane entstehen. Aber das dauert Millionen Jahre.

EINFACH RIESIG

DIE MEERE DER ERDE

Als Ozeane werden die größten, zusammenhängenden Wasserflächen zwischen den Kontinenten bezeichnet. Meere sind Wasserflächen, die zu einem Teil von Land umgeben sind, wie zum Beispiel das Mittelmeer, die Nord- und die Ostsee. Neben den Ozeanen gibt es rund 80 Meere.

Die Ozeane und Meere der Erde sind miteinander verbunden. Sie bilden also ein einziges, riesiges Weltmeer. Trotzdem sind sie so verschieden wie die Kontinente: warm oder kalt, flach oder tief, voller verschiedener Lebensformen oder weniger Arten, aber in großen Mengen. Auch Salzgehalt, Strömungen, Wellen und Größe unterscheiden sich. Die großen Ozeane heißen Pazifik, Atlantik, Indischer Ozean und Antarktischer Ozean. Manchmal wird auch noch der Arktische Ozean dazu gezählt.

Ozeane überall

Der Pazifische Ozean ist der tiefste und größte Ozean. Er macht fast die Hälfte aller Meeresflächen aus und liegt zwischen Amerika, Asien und Australien. Der Pazifik ist größer als alle Kontinente zusammen! Im und um den Pazifik gibt es besonders viele Vulkane. Der Bereich entlang der Küste von Neuseeland bis Südchile wird deshalb Pazifischer Feuerring genannt. Dort gibt es immer wieder gewaltige Erdbeben und dadurch ausgelöste **Tsunamis**. Der zweitgrößte Ozean ist der Atlantik. Er erstreckt sich von den Westküsten Europas und

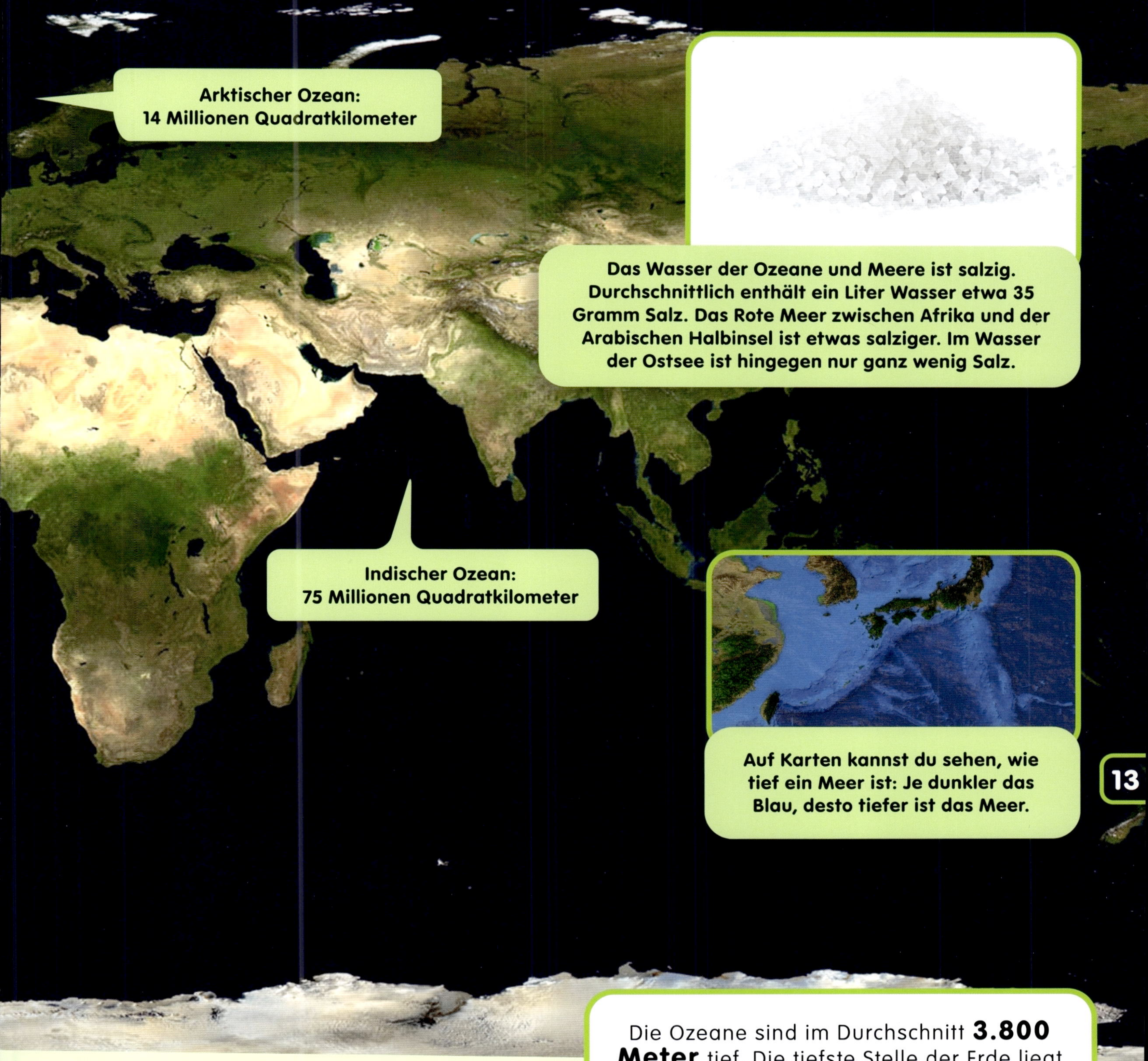

Arktischer Ozean:
14 Millionen Quadratkilometer

Das Wasser der Ozeane und Meere ist salzig. Durchschnittlich enthält ein Liter Wasser etwa 35 Gramm Salz. Das Rote Meer zwischen Afrika und der Arabischen Halbinsel ist etwas salziger. Im Wasser der Ostsee ist hingegen nur ganz wenig Salz.

Indischer Ozean:
75 Millionen Quadratkilometer

Auf Karten kannst du sehen, wie tief ein Meer ist: Je dunkler das Blau, desto tiefer ist das Meer.

Die Ozeane sind im Durchschnitt **3.800 Meter** tief. Die tiefste Stelle der Erde liegt im Marianengraben östlich der Philippinen im Pazifik. Dort geht es rund **11.000 Meter** weit hinunter.

Afrikas bis nach Amerika. Der Indische Ozean liegt zwischen Afrika, Asien und Australien. Er ist der wärmste Ozean.

Leben in der Eiswelt

Die eisbedeckten Meere rund um die Pole der Erde werden auch Süd- und Nordpolarmeer genannt. Der Arktische Ozean am Nordpol ist der flachste der Erde. An den Küsten und auf dem Treibeis im Wasser lebt der Eisbär. Der Antarktische Ozean umgibt die Antarktis am Südpol. Die Fische in den Polarmeeren haben spezielle Proteine im Blut, die als Frostschutzmittel wirken – sonst würden sie in dem -1,8°C kalten Wasser zu Eis erstarren.

IMMER IN BEWEGUNG

WELLEN UND STRÖMUNGEN

Wenn du schon mal am Meer warst, hast du bestimmt gemerkt, dass das Wasser nie völlig still ist. In großen und kleinen Wellen schwappt es an den Strand. Eine Welle entsteht, wenn das Wasser in Bewegung versetzt wird. Das geschieht meist durch den Wind, manchmal auch durch Erschütterungen des Meeresbodens, ausgelöst von Erdbeben oder Vulkanausbrüchen. Manche Wellen, die am Strand ankommen, waren vielleicht schon tagelang auf dem Meer unterwegs. Sie wurden von einem Sturm irgendwo weit draußen ausgelöst.

Die Kraft des Mondes

Wahrscheinlich hast du schon einmal von Ebbe und Flut gehört, den sogenannten **Gezeiten**. Bei Flut steigt der Meeresspiegel, bei Ebbe sinkt er, und das Wasser zieht sich zurück. Das liegt an der Anziehungskraft, die Mond und Sonne auf die Erde ausüben. Wird das Wasser der Ozeane auf der dem Mond zugewandten Erdseite von ihm angezogen, herrscht Flut. Da sich die Erde um sich selbst dreht, wechseln sich Ebbe und Flut ab. Auch auf der jeweils gegenüberliegenden Seite hebt und senkt sich der **Meeresspiegel**. Das liegt an der sogenannten Fliehkraft, die bei Kreisbewegungen nach außen wirkt. Das ist so, wie du während der Fahrt in einem Karussell nach außen gedrückt wirst. Je nachdem, wie die Sonne zu Mond und Erde steht, kann sie die Gezeiten durch ihre Anziehungskraft noch verstärken oder abschwächen. Wenn Mond und Sonne in dieselbe Richtung „ziehen", ist die Flut besonders hoch. Alle Meere haben Gezeiten, doch sie fallen sehr unterschiedlich stark aus: In manchen Gebieten bemerkst du sie kaum, in anderen ändert sich der Wasserstand alle zwölf Stunden um bis zu 15 Meter.

Wenn sich eine Welle der Küste nähert, wird der untere Wellenteil verlangsamt. Der obere bricht über ihn hinweg. So entsteht die Brandung.

Meeresautobahnen

Wellen sind nicht die einzigen Wasserbewegungen. Die oberste Schicht jedes Ozeans besteht aus schnell fließenden Wassermassen, den Oberflächenströmungen. Aber auch am Meeresboden bewegt sich das Wasser. Strömungen durchziehen die Meere wie riesige Autobahnen und transportieren Wärme, Nährstoffe und vieles mehr von einem Ende der Erde zum anderen. Viele Strömungen haben Namen. So etwa der Golfstrom: Mit ihm bewegen sich warme Wassermassen vom Süden der Erdkugel bis zum Polarkreis. Der Golfstrom transportiert mehr als hundertmal so viel Wasser wie alle Flüsse der Erde zusammen.

Das Zusammenspiel aus mehreren großen Meeresströmungen wird globales Förderband genannt. Es durchzieht fast alle Ozeane und spielt eine wichtige Rolle für das Klima der Erde, indem es warme und kalte Wassermassen transportiert.

AHA!

RIESENWELLEN

Wenn sich unter der Wasseroberfläche zwei Erdplatten übereinander schieben, verursacht das ein Seebeben. Das Wasser wird dabei so stark aufgewühlt, dass eine riesige Flutwelle entsteht. Sie wird Tsunami genannt. Das Wort „Tsunami“ kommt aus dem Japanischen. Es bedeutet „Hafenwelle“. Tatsächlich sind Tsunamis auf dem offenen Meer kaum sichtbar. Sie bewegen sich aber so schnell wie ein Flugzeug fort. Je näher ein Tsunami dem Land kommt, desto höher bäumt er sich auf. So hoch wie ein mehrstöckiges Gebäude kracht er schließlich auf die Küste und hinterlässt schlimme Verwüstungen.

2018 zerstörte ein Tsunami die indonesische Stadt Palu.

LAND UNTER

DAS WATTENMEER

Ein typischer Wattbewohner ist der Wattwurm. Wo er sich versteckt, erkennst du an den vielen kleinen Kothäufchen auf dem Wattboden. Sie sehen aus wie kleine Sand-Spaghetti.

Wer im Watt spazieren geht, muss aufpassen, dass er sich nicht verläuft und rechtzeitig wieder auf dem Festland ist, bevor das Wasser zurückkommt. Am besten nimmst du jemanden mit, der sich auskennt.

Auf dem Meeresboden spazieren gehen – dafür brauchst du keine aufwendige Tauchausrüstung. Du musst nur an die Nordsee fahren. Dort wirken sich die Gezeiten nämlich sehr stark aus. Deshalb wird zweimal am Tag eine kilometerbreite Fläche freigelegt, wenn sich das Wasser bei Ebbe zurückzieht. Oder andersherum: Sie wird zweimal am Tag von der Flut überspült. Die in diesem Bereich entstandene Landschaft wird Watt genannt. Das Wattenmeer entlang der Nordseeküste von den Niederlanden bis Dänemark ist weltweit das größte Wattgebiet.

Das Watt ist durchzogen von Wasserrinnen, den sogenannten Prielen.

Vor der Küste Nordfrieslands in Schleswig-Holstein liegen kleine Inseln nur wenige Meter über dem Meeresspiegel. Sie werden Halligen genannt. Bei starker Flut können sie überspült werden. Die Häuser stehen deshalb auf Hügeln.

Das wohl bekannteste Säugetier im Wattenmeer ist der Seehund. Die Babys, die im Sommer auf den Sandbänken geboren werden, können sofort schwimmen.

Im Jahr 2009 hat die UNESCO das Wattenmeer zum Weltnaturerbe erklärt. Das ist eine besondere Auszeichnung für einzigartige Naturlandschaften.

Lebendige Landschaft

Auf den ersten Blick scheint das Watt eine eintönige Sand- und Schlickfläche zu sein. Doch wenn du genauer hinschaust, entdeckst du jede Menge Tiere und Pflanzen. Mehr als 10.000 Arten leben im Wattenmeer! Sie haben sich dem ständigen Wechsel von Wasser und Luft angepasst. Auf einem Quadratmeter Wattboden kannst du Millionen von Kieselalgen, Tausende Krebse, Muscheln, Schnecken und Würmer finden. Wenn die Ebbe den Meeresboden freigibt, verwandelt sich das Watt deshalb in ein Schlaraffenland für Vögel. Sie finden dort jede Menge zum Fressen. Zweimal im Jahr machen Millionen Zugvögel im Watt Pause, bevor sie weiterfliegen. Im Sommer sammeln sich Seehunde auf den Sandbänken zum Sonnen, Ausruhen und um ihren Nachwuchs zur Welt zu bringen. Weil die Landschaft des Wattenmeers ein wichtiger Lebensraum für viele Tier- und Pflanzenarten ist, steht es unter Naturschutz.

AM RAND

KÜSTE UND KÜSTENGEWÄSSER

Sand kann viele verschiedene Farben haben. Manchmal ist er schwarz. Dann besteht er aus zermahlenem Vulkangestein.

Mangrovenwälder wachsen an den tropischen Küsten in der Nähe des Äquators. Wurzeln und Äste der Mangroven sind ein wichtiger Lebensraum für Land- und Wassertiere.

Hat sich die Seepocke einmal an einem Ort befestigt, kann sie ihren Aufenthaltsort nicht mehr ändern. Sie muss also ganz nah an anderen Seepocken sein, um sich zu vermehren.

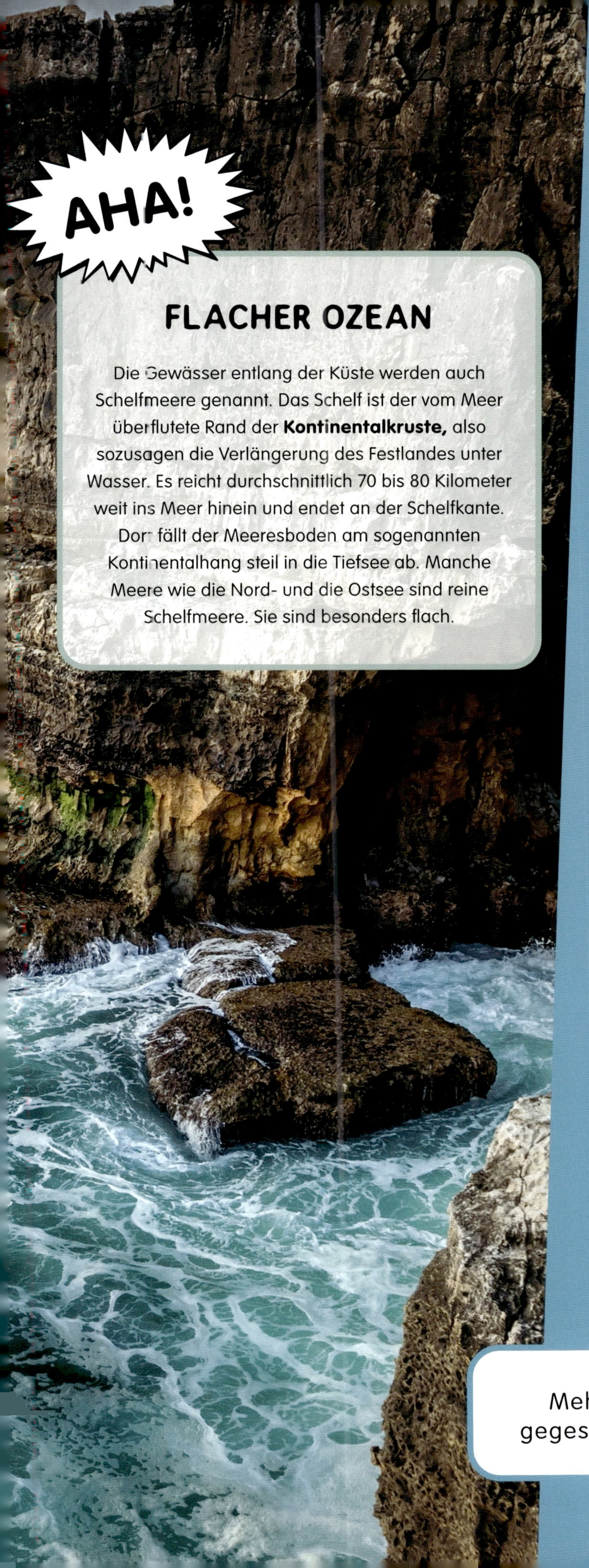

AHA!

FLACHER OZEAN

Die Gewässer entlang der Küste werden auch Schelfmeere genannt. Das Schelf ist der vom Meer überflutete Rand der **Kontinentalkruste,** also sozusagen die Verlängerung des Festlandes unter Wasser. Es reicht durchschnittlich 70 bis 80 Kilometer weit ins Meer hinein und endet an der Schelfkante. Dort fällt der Meeresboden am sogenannten Kontinentalhang steil in die Tiefsee ab. Manche Meere wie die Nord- und die Ostsee sind reine Schelfmeere. Sie sind besonders flach.

Als Strand wird ein flacher Streifen entlang der Küste oder am Ufer eines Sees oder Flusses bezeichnet. Er kann zwischen ein paar Metern und mehreren Kilometern breit sein. Manche Strände bestehen aus Sand, andere aus Steinen.

Der Bereich, in dem das Wasser der Ozeane auf Land trifft, wird Küste genannt. Jeder Kontinent und jede Insel ist von Wasser umgeben. Es gibt also richtig viele Küsten auf der Erde – ihre Gesamtlänge beträgt mehr als 300.000 Kilometer! Keine Küste gleicht der anderen: Manche sind flach und sandig, an anderen ragen steile Felsen in die Höhe. Durch Wind und Wasser verändern sich die Küsten stetig. So wird zum Beispiel Sand angeschwemmt oder abgetragen, Steine werden abgeschliffen und ausgehöhlt.

Rauer Lebensraum

Das Leben an der Felsküste ist hart: Bei Flut schlagen tonnenschwere Wellen gegen den Stein, bei Ebbe ist alles trocken. Die Tiere, die hier leben, haben deshalb besondere Tricks entwickelt. Die Seepocke zum Beispiel heftet sich mit einem Superklebstoff an den Felsen fest, damit sie nicht weggespült wird. Außerdem kann der kleine Krebs Wasser speichern, um trockene Zeiten zu überstehen. An einigen Felsküsten wachsen unter Wasser dichte Seetangwälder. Sie bieten den dort lebenden Meerestieren Nahrung und Schutz. Zwischen den langen Tangstängeln fühlen sich alle möglichen Tiere wohl, etwa Seeotter, Robben, Seepferdchen und Seeigel.

Viel Leben auf kleinem Raum

In dem Wasser in der Nähe der Küsten lebt der Großteil aller Meerestiere und -pflanzen. Und das, obwohl dieser Bereich nur einen kleinen Teil der Meere ausmacht. Die Wachstumsbedingungen für Meeresbewohner sind dort richtig gut, weil etwa das Wasser besonders viele Nährstoffe enthält. In der Nähe der Küste tummeln sich Fische wie Heringe, Sardellen und Lachse, Haie, Wale, Delfine, Quallen, Schildkröten, Tintenfische und viele mehr.

Mehr als **90 Prozent** der Fische, die weltweit gegessen werden, werden nahe der Küste gefangen.

AM BODEN

DER MEERESGRUND

Ein sehr häufiger Bodenbewohner ist die Seegurke. Das ist kein Gemüse, sondern ein mit dem Seestern und dem Seeigel verwandtes Tier.

Aus steinernen Türmen am Tiefseeboden schießt heißes, giftiges Wasser. Sie werden Schwarze Raucher genannt. Wasser dringt dort in die Erdkruste ein, wird erhitzt und sprudelt wieder heraus. Mineralien färben es dunkel.

Der Mauna Kea auf Hawaii ist mit mehr als 10.000 Metern Höhe der höchste Berg der Welt. Doch nur ein Teil befindet sich über dem Meeresspiegel.

Nur in flachem, klarem Wasser kannst du einen Blick darauf werfen: auf den Meeresboden. Außer in den Küstengewässern liegt er so tief unten, dass seine Erforschung sehr schwierig ist. Wissenschaftler vermuten, dass im und auf dem Meeresboden sehr viele Meeresbewohner leben. Von jeder Forschungstauchfahrt werden neue, bisher unbekannte Lebewesen mitgebracht. Der Meeresboden macht mehr als zwei Drittel der gesamten Erdoberfläche aus. Er erstreckt sich von den Küstenzonen bis in Wassertiefen von 11.000 Metern.

Berge und Täler

Der Meeresboden ist wie der Boden der Kontinente nicht einfach eine platte Fläche. Auch dort gibt es Berge und Hügel, Täler und weite Ebenen. Wo sich am Meeresboden zwei Erdplatten auseinanderbewegen, steigt heißes **Magma** aus dem Erdmantel auf. Es erstarrt und bildet neuen Ozeanboden. So sind die **Mittelozeanischen Rücken** entstanden, riesige Unterwasser-Gebirge. An anderer Stelle schieben sich Erdplatten unter- und übereinander, und es entstehen tiefe Rinnen, die sogenannten **Subduktionszonen**.

Bodensatz

Wie an Land gibt es auch unter der Wasseroberfläche verschiedene Böden. Der Meeresboden wird unterschieden in Hartboden und Weichboden. Der Hartboden vor allem in Küstennähe ist ein fester Untergrund. Er besteht zum Beispiel aus Fels, Steinen oder den Körpern und Schalen von Lebewesen, wie in den Korallenriffen. Der Großteil des Meeresbodens ist aber weich. Er ist bedeckt von einer dicken Schicht aus Schlamm, Sand und den Überresten von Tieren und Pflanzen. Einige Tiere wie Muscheln, Krebse und Würmer leben in dieser Schicht. Sie wühlen sich durch den Boden auf der Suche nach Nahrung – wie die Regenwürmer an Land. Andere Tiere sitzen fest verankert da und warten, bis die Strömung Nahrung zu ihnen treibt.

Die Stoffe, die sich auf dem Meeresboden ablagern, werden Sedimente genannt. Sedimentschichten können mehrere Hundert Meter dick sein.

AUF HOHER SEE

DER OFFENE OZEAN

Wenn du mit einem Boot von der Küste immer weiter aufs Meer hinausfahren würdest, wärst du irgendwann nur noch von Wasser umgeben. Auch der Meeresboden wäre viel zu tief unter dir, um ihn sehen oder erreichen zu können. Das ist der offene Ozean. Auch hier tummelt sich Leben, vor allem im obersten Bereich. Das liegt daran, dass Sonnenlicht nur etwa 200 Meter ins Wasser hineinreicht. Die Energie der Sonne wird von winzig kleinen Meerespflanzen genutzt, um zu wachsen und sich zu vermehren. Diese kleinen Pflanzen werden Phytoplankton genannt. Vom Phytoplankton ernähren sich ebenso kleine Tierchen, das Zooplankton.

Der Begriff „Plankton" kommt aus dem Griechischen und bedeutet „das Treibende". Damit sind winzig kleine Lebewesen gemeint, die im Wasser umhertreiben und nicht selbst gegen Strömungen anschwimmen können. Plankton ist meistens so klein, dass du es mit bloßem Auge nicht erkennen kannst. Das Meerwasser ist voll davon!

Fressen und gefressen werden

Plankton bildet die Grundlage allen Lebens im Meer. Es enthält zahlreiche Nährstoffe und steht deshalb auf dem Speiseplan vieler Meeresbewohner: Viele Fische und Krebstiere, aber auch Riesen wie der Walhai und der Blauwal ernähren sich davon. Andere Tiere wie Tintenfische, Thunfische und viele Haie fressen wiederum andere Fische. Auch Robben ernähren sich von Fischen und werden selbst von Haien oder Schwertwalen gefressen. So hängen die Meeresbewohner alle voneinander ab: Gibt es weniger **Plankton**, gibt es auch weniger Fische und dadurch weniger Nahrung für größere Tiere wie die Meeressäuger. Diese sehr vielfältigen Beziehungen werden **Nahrungsnetz** genannt.

Ozeanschichten

Etwa so, wie eine Torte aus verschiedenen Schichten besteht, wird der Ozean in Zonen unterteilt. Sie sind nach der dort ankommenden Lichtmenge benannt. Die obersten 200 Meter sind von Sonnenlicht durchflutet und werden deshalb Sonnenlichtzone genannt. Darunter liegt bis in etwa 1.000 Meter Tiefe die Dämmerungszone. An sie schließt sich die Mitternachtszone an, die bis zum Grund reicht. Jede Zone hat neben dem Licht noch andere typische Merkmale wie Wasserdruck und Temperatur. In den verschiedenen Bereichen leben ganz unterschiedliche Tiere. Fast das gesamte Leben im Meer wird aus der Sonnenlichtzone heraus versorgt: Reste, die nach unten sinken, dienen den Tieren in der Tiefe als Nahrung.

Albatrosse leben über dem offenen Meer. Sie bleiben monatelang in der Luft und kommen nur zum Brüten aufs Land.

Je nach Nahrungsangebot bewegen sich viele Meeresbewohner auch von einer Wasserschicht in eine andere. Tintenfische zum Beispiel wandern nachts im Schutz der Dunkelheit von der Dämmerungszone in die Sonnenlichtzone.

Fliegende Fische springen auf der Flucht vor Fressfeinden aus dem Wasser. Mit ihren großen, flügelähnlichen Flossen können sie viele Meter durch die Luft gleiten.

BUNT UND VOLLER LEBEN

KORALLENRIFFE

Clownfische sind typische Bewohner von Korallenriffen. Sie leben in Seeanemonen und werden darum auch Anemonenfische genannt.

Sie sehen aus wie kleine Bäumchen, Büsche, Pilze oder Blumen und schillern in bunten Farben: Korallen. Tatsächlich sind Korallen aber keine Pflanzen, sondern die vielleicht seltsamsten Tiere im Meer. Wie die Quallen gehören sie zur Gruppe der Nesseltiere. Es gibt Tausende verschiedene Arten. Korallen bewegen sich nicht fort. Sie bleiben immer an einer Stelle und bilden mit vielen anderen Korallen zusammen ein Korallenriff.

Lebende Bauwerke

Korallen werden in Weich- und Steinkorallen unterschieden. Steinkorallen haben ein hartes Außenskelett aus Kalk, mit dem sie fest am Untergrund verankert sind. Wenn eine Koralle stirbt, bleibt der Kalk bestehen und wird sofort von neuen Korallen besiedelt. So entstehen riesige Riffe. Korallenriffe wachsen aber sehr langsam, manchmal nur wenige Millimeter im Jahr. Viele Korallen leben mit winzigen Algen in einer Gemeinschaft. Die Algen stellen für die Korallen Nährstoffe her. Außerdem verleihen sie ihnen ihre bunte Farbe. Die prächtigsten Korallenriffe gibt es in tropischen Gewässern. Auch im kalten Wasser der Tiefsee wachsen Korallen, die aber nicht mit Algen zusammenleben.

Dschungel der Meere

In einem Korallenriff gibt es so viele verschiedene Arten wie sonst nur noch im Regenwald: Ein Viertel aller Meerestierarten ist im Korallenriff zu Hause. Es bietet seinen Bewohnern Nahrung und Zuflucht. Im Korallenriff leben zum Beispiel Seesterne, Schnecken, Seeigel, Schildkröten, Riffhaie und viele verschiedene Fische wie Muränen, Zackenbarsche und Putzerfische.

2.300 Kilometer lang und so groß wie ganz Deutschland ist das Great Barrier Reef vor der Küste Australiens. Es ist das größte Korallenriff der Erde. Doch immer mehr Korallen sterben.

AHA!

KORALLENRIFFE IN GEFAHR

Bei zu hohen Wassertemperaturen geben die Algen, die in den Korallen leben, Gifte ab. Die Korallen müssen sie abstoßen. Dadurch verlieren sie ihre Farbe. Dieser Vorgang wird Korallenbleiche genannt. Ohne die Algen sterben die Korallen. Ihnen fehlt die Nahrung, die die Algen produziert haben. Durch den **Klimawandel** und die Erderwärmung steigen auch die Temperaturen der Ozeane, weshalb es den Riffen immer schlechter geht. Aus den farbenfrohen Unterwasserwelten werden nach und nach weiße Wüsten.

DUNKEL UND GEHEIMNISV

DIE TIEFSEE

Es ist kalt und stockfinster, es gibt wenig zu essen, und riesige Wassermassen üben einen ungeheuren Druck aus. Klingt nicht gerade nach einem tollen Ort zum Leben, oder? Meeresforscher, die die Tiefsee mit speziellen Tauchbooten und Tauchrobotern erkunden, haben aber herausgefunden, dass es dort von Leben nur so wimmelt. Die Tiere in der Tiefsee haben sich an den extremen Lebensraum angepasst. Sie sehen oft schaurig aus, mit riesigen Augen oder Mäulern und messerscharfen Zähnen.

Leben in der Finsternis

Die Tiefsee umfasst den Großteil der Ozeane. Sie beginnt in etwa 1.000 Metern Tiefe. Nur extrem wenig Sonnenlicht kann noch bis hierhin vordringen. Weiter unten ist es dann stockdunkel. Tiere, die sich auf Nahrungssuche auch in höhere Bereiche begeben, haben oft sehr große Augen. Mit ihnen versuchen sie, noch das kleinste bisschen Licht einzufangen. Andere Tiefseebewohner haben hingegen kleine oder sogar gar keine Augen. Viele Tiere haben ihre eigene Lichtquelle immer dabei. So können sie Beute oder einen Partner anlocken. Tiefsee-Anglerfische etwa tragen ein kleines Licht wie an einer Angel vor sich her.

Wenig zu fressen

Pflanzen brauchen Sonnenlicht, um wachsen und sich vermehren zu können. In der Tiefsee gibt es deshalb keine. Für die Tiere steht dort somit nur wenig Nahrung zur Verfügung. Sie müssen oft wochenlang ohne etwas zu fressen auskommen. Sie ernähren sich von anderen Tieren oder von Stoffen, die von der Wasseroberfläche herabsinken, dem sogenannten **Meeresschnee**. Weil es so wenig Nahrung gibt, sind die meisten Tiefseebewohner klein. Manche haben dehnbare Mägen. So können sie Tiere verschlingen, die so groß sind wie sie selbst. Davon können sie eine ganze Weile leben.

In der Tiefsee ist es immer gleich kalt, egal ob an Land Winter oder Sommer ist. Die Temperaturen liegen an den meisten Stellen bei **zwei** bis **vier Grad** Celsius. Eiskalt!

AHA!

SCHWERES WASSER

Wenn du mit der Hand auf den Tisch drückst, übst du Kraft darauf aus. Das wird Druck genannt. Auf alle Lebewesen wirkt ständig ein Druck, auch auf dich. An Land ist das der Luftdruck. Wir alle haben uns dem Druck in unserer Umgebung angepasst, deshalb merken wir nichts davon. Aber wenn du dich in Gebiete mit höherem oder tieferem Druck begibst, fühlt es sich unangenehm an. Wasser ist viel schwerer als Luft, deshalb ist der Wasserdruck stärker. Er steigt außerdem, je mehr Wasser man über sich hat. Tiefseefische haben keine luftgefüllte **Schwimmblase**, denn sie würde durch den starken Wasserdruck zusammengedrückt werden. Ihr Körper besteht fast nur aus Wasser.

OLL

Der Körper des Blobfisches ist weich wie ein Pudding. In seinem Lebensraum, der Tiefsee, sieht er ganz normal aus. An Land fehlt der Wasserdruck, und der Körper wird unförmig und schwabbelig. Der Blobfisch lebt auf Tiefseeböden.

Das Licht der Tiefsee-Anglerfische kommt von Bakterien. Damit locken sie ihre Beute direkt vor ihr Maul.

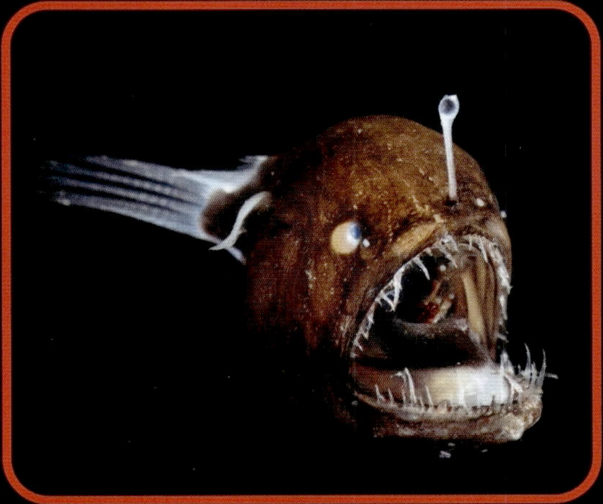

In **10.000 Metern** Tiefe beträgt der Druck auf eine Fläche, die so groß ist wie ein **Ein-Cent-Stück**, etwa **eine Tonne**!

Der Pottwal muss zum Atmen an die Wasseroberfläche. Trotzdem taucht er immer wieder bis in die Tiefsee hinab. Dort macht er Jagd auf den Riesenkalmar.

IM WASSER ZU HAUSE

MEERESBEWOHNER

Tintenfische sind keine Fische, sondern Kopffüßer. Sie haben Fangarme, die mit Saugnäpfen oder Haken besetzt sind.

Weibliche Meeresschildkröten schwimmen mehrere Tausend Kilometer, um ihre Eier an dem Strand abzulegen, an dem sie selbst geschlüpft sind.

Die warmen tropischen Gewässer rund um den Äquator enthalten die größte Artenvielfalt im Meer. Unterhalb der Sonnenlichtzone ist das Wasser aber kalt, wie überall.

AHA!

LEBEN AUS DEM MEER

Forscher nehmen an, dass das Leben auf der Erde vor etwa 3,5 Milliarden Jahren in den Ozeanen begann. Zunächst nur in Form einfachster Bakterien. Aus den frühen Lebensformen entwickelten sich nach und nach die verschiedensten Tier- und Pflanzenarten, die schließlich auch das Land besiedelten. Viele der heute das Meer bewohnenden Arten stammen aber von Formen ab, die vom Land oder aus dem Süßwasser ins Meer gewandert sind – zum Beispiel die Meeressäuger.

Schwämme sind am Untergrund festgewachsen. Sie haben weder Organe noch Muskeln, Nerven oder ein Gehirn. Trotzdem zählen sie zu den Tieren.

Kannst du dir an Land ein Tier vorstellen, das einfach immer an derselben Stelle sitzt? Wenn ihm niemand zu essen und zu trinken bringen würde, wäre es schnell verdurstet und verhungert. In den Ozeanen aber gibt es zahlreiche festsitzende Tiere, etwa die Korallen. Das ist möglich, weil Wasserströmungen ihnen Nahrung zutreiben. Die Lebenswelt der Ozeane ist extrem vielfältig: Es gibt winzige Bakterien und mehr als 30 Meter lange Blauwale.

Bunte Vielfalt

Mehr als 200.000 Meerestiere sind bekannt. Forscher schätzen aber, dass Millionen verschiedene Arten in den Ozeanen leben. Die häufigsten sind Krebstiere wie Krabben und Garnelen. An zweiter Stelle stehen die Weichtiere, also Tintenfische, Schnecken und Muscheln. Etwa zwölf Prozent aller bekannten Arten gehören zu den Fischen. Außerdem gibt es Wale, Walrosse, Robben, Schildkröten, Wasservögel und so merkwürdige Tiere wie Seesterne, Seeigel, Quallen und Schwämme.

Auf Wanderschaft

Tief oder flach, warm oder kalt, nährstoffreich oder -arm – in den Ozeanen gibt es viele verschiedene Lebensräume. Und so sind auch die Tiere an ihre jeweilige Umgebung angepasst. Einige Meeresbewohner legen aber weite Strecken zurück und durchwandern dabei ganz unterschiedliche Gebiete. Viele Fische bewegen sich vom offenen Meer zu den Küsten, um dort ihre Eier abzulegen und sich zu vermehren. Grauwale wandern jedes Jahr einmal um die halbe Welt. Sie fressen sich im kalten Nordpolarmeer am dort lebenden **Krill** satt und schwimmen dann ins warme Meer vor Mexiko, um ihre Jungen aufzuziehen.

DIE ERSTEN WIRBELTIERE

FISCHE

Fische in tropischen Gewässern sind besonders bunt. In den kühleren Meeren sind die meisten Fische silbrig, gräulich oder bräunlich.

Der Atlantische Hering ist ein sehr häufiger Fisch und gehört zu den wichtigsten Speisefischen des Menschen.

Der etwas unförmig aussehende Mondfisch lebt vor allem im offenen Meer. Er gilt mit einem Gewicht von bis zu zwei Tonnen und einer Länge von mehr als drei Metern als schwerster Knochenfisch der Welt.

WIRBELTIERE

Wirbeltiere sind Tiere, die ein inneres Skelett mit einem Schädel haben. Die meisten haben auch eine Wirbelsäule. Zu den Wirbeltieren gehören neben Knochen- und Knorpelfischen noch Vögel, Reptilien (zum Beispiel Krokodile und Schildkröten), Amphibien (zum Beispiel Frösche) und Säugetiere (auch der Mensch). Die Größe der Wirbeltiere reicht von wenige Millimeter großen Fischen bis hin zu Elefanten und Walen.

AHA!

Wenn du an Meerestiere denkst, fallen dir bestimmt schnell Fische ein. Das Wort „Fisch" ist ein Überbegriff und bezeichnet verschiedene Wirbeltiere, die im Wasser leben, meist eine schuppige Haut haben und unter Wasser atmen können. Dafür benutzen sie die Kiemen, die seitlich am Kopf liegen. Es gibt Fische, die nicht näher miteinander verwandt sind als etwa ein Kolibri mit einer Giraffe. So unterschiedlich und vielfältig sind diese Tiere! Die ersten Wirbeltiere, die überhaupt auf der Erde lebten, waren Fische.

Knochen und Knorpel

Es gibt Knochenfische und Knorpelfische. Knorpelfische wie Hai, Rochen und Seekatze haben ein Skelett aus weichem, biegsamem Knorpel. Die meisten Fische haben aber richtige Knochen. Knochenfische besitzen außerdem eine Schwimmblase, ein luftgefülltes Organ. Die Schwimmblase ermöglicht es den Fischen, im Wasser zu schweben. Manche nutzen sie auch für die Atmung, so ähnlich wie die menschliche Lunge.

Einer für alle ...

Einige Fische sind in riesigen Schwärmen unterwegs. Vielleicht konntest du in einem Aquarium schon einmal einen Fischschwarm beobachten? Die einzelnen Tiere bewegen sich rasend schnell in der Gruppe, ohne zusammenzustoßen. Das funktioniert, weil sie immer den gleichen Abstand zum Nachbarfisch einhalten und sich untereinander verständigen. Im Schwarm sind die einzelnen Fische besser vor Feinden geschützt und können gemeinsam Nahrung suchen. Typische Schwarmfische sind Heringe, Makrelen und Sardinen. Auch Vögel und Insekten bilden Schwärme.

Der Thunfisch ist ein extrem schneller Fisch. Weil er als Speisefisch, zum Beispiel für Sushi, sehr beliebt ist, wird er viel gefangen und ist dadurch selten geworden.

Von den mehr als **35.000** Fischarten leben rund **20.000** im Meer. Es gibt genauso viele verschiedene Fischarten wie Wirbeltiere an Land!

GEFÜRCHTETER JÄGER

DER HAI

Typisch für Haie ist das sogenannte Revolvergebiss: Es besteht aus mehreren Reihen scharfer spitzer Zähne. Viele Haie benutzen nur die erste Reihe zum Beißen. Die Zähne werden regelmäßig ausgewechselt. Ein Zahn-Ersatzteillager!

Woher der Hammerhai seinen Namen hat, siehst du sofort: Er hat einen breiten, flachen Kopf. Dadurch hat der Hammerhai einen super Rundumblick.

Hier schwimmt ein großer Weißer Hai im Pazifischen Ozean.

Weniger als **10 Menschen** im Jahr kommen durch Haie ums Leben. **Millionen Haie** werden hingegen jährlich von Menschen umgebracht. Einige Arten sind deshalb vom Aussterben bedroht.

In Filmen rennen alle Menschen aus dem Wasser, wenn die dreieckige Rückenflosse eines Hais in Strandnähe auftaucht. Die Raubfische gelten als gefährliche Monster, die auch Menschen fressen. Dabei greifen nur die wenigsten der mehr als 450 Hai-Arten manchmal Menschen an. Und wenn, dann meistens nur, weil sie sich bedroht fühlen oder einen Surfer mit einer schwimmenden Robbe verwechseln. Hai ist nicht gleich Hai: Der Zwerg-Laternenhai ist nur etwa 20 Zentimeter groß. Der Walhai hingegen kann mehr als 13 Meter lang werden. Manche Haifische leben am Meeresboden, andere in mittleren Tiefen, nahe der Wasseroberfläche oder dringen sogar in Flüsse vor. Alle haben ein Skelett aus biegsamem Knorpel. Anders als Knochenfische haben Haie keine Schwimmblase, die für Auftrieb sorgt. Sie müssen deshalb ständig in Bewegung bleiben, sonst sinken sie.

Raubfisch mit Supersinnen

Die meisten Haie fressen Fische, Krebse und Weichtiere. Manche Arten wie der Weiße Hai jagen auch größere Meerestiere wie Robben, Seehunde und kleine Wale. Sehr große Arten wie der Walhai ernähren sich von **Plankton**. Haie haben sehr scharfe Sinne, um ihre versteckte oder weit entfernte Beute unter Wasser zu finden. Sie können sehr gut hören, riechen und sehen. Außerdem spüren sie die kleinsten Druckunterschiede und Strömungen und können sogar schwache elektrische Felder erkennen, die jedes Lebewesen erzeugt.

Der Walhai gilt als der größte Fisch der Welt. Er ist selten und noch nicht gut erforscht.

Uralter Meeresbewohner

Haie gibt es schon seit mehr als 420 Millionen Jahren. Damit sind sie sogar älter als die ersten Dinosaurier. Allerdings haben sich die Haie seitdem stark verändert. Viele Arten sind entstanden und auch wieder ausgestorben. Die ersten Haie waren noch gar keine Topräuber, sondern eher klein und wurden selbst gejagt. Es ist schwierig, herauszufinden, wie Haifische früher aussahen. Meist versteinern bei Haien nämlich nur die Zähne. Durch ihre Größe und Form versuchen die Forscher, Rückschlüsse auf das Aussehen der Ur-Haie zu ziehen.

MEERESSÄUGER

WALE UND DELFINE

Wale und Delfine atmen durch ein bis zwei Blaslöcher auf ihrer Kopfoberseite. Unter der Oberfläche ist das Loch verschlossen, sodass kein Wasser eindringt. Beim Auftauchen öffnet es sich und die verbrauchte Luft wird ausgestoßen.

Raffiniert: Orcas, auch Schwertwale genannt, bringen gemeinsam Eisschollen ins Wanken, sodass die daraufliegenden Robben ins Wasser rutschen.

Gehören Delfine auch zu deinen Lieblingstieren? Kein Wunder, die intelligenten Tiere sehen aus, als würden sie ständig lächeln. Delfine sind sehr geschickte Jäger: In Gruppen machen sie Jagd auf Fische, Tintenfische und Krebstiere. Orcas, die größten Delfine, fressen gerne Pinguine und Robben. Delfin-Gruppen können aus einigen wenigen oder mehreren Hundert Tieren bestehen. Sie werden „Schulen" genannt.

Zähne und Barten

Delfine sind genau genommen kleine Wale. Es gibt insgesamt rund 80 Wal-Arten. Sie werden unterschieden in Zahnwale

AHA!

VOM LAND INS WASSER

Wale und Delfine sind Säugetiere, die im Wasser leben. Zu den Meeressäugern gehören auch Robben, Seekühe und Seeotter. Sie alle müssen zum Atmen auftauchen. Manche Wale können aber bis zu zwei Stunden unter Wasser bleiben, bevor sie Luft holen müssen. Die Meeressäuger waren vor Millionen Jahren an Land zu Hause. Im Laufe der Zeit verlegten sie ihren Lebensraum ins Wasser, um, so vermuten Forscher, neue Nahrungsquellen zu finden. Meeressäuger sind perfekt an das Leben im Wasser angepasst: So schützt etwa eine Speckschicht vor Kälte, Flossen helfen beim Schwimmen.

Der Große Tümmler ist der bekannteste Delfin. Er kommt in allen Ozeanen vor.

Mit bis zu **33 Metern** Länge ist der Blauwal so lang wie ein Flugzeug. Er wiegt rund **200 Tonnen**, das ist so viel wie **50 Elefanten**! Damit ist der Blauwal das schwerste Tier, das jemals auf der Erde gelebt hat.

und Bartenwale. Zahnwale sind Raubtiere mit spitzen Zähnen. Zu ihnen gehören alle Delfinarten, Schweinswale und der größte Zahnwal: der Pottwal. Bartenwale wie der Buckelwal und der Blauwal hingegen ernähren sich von sehr kleinen Meerestieren, dem Krill. Statt Zähnen haben sie sogenannte Barten, Hornplatten am Oberkiefer. Damit filtern sie Krill aus dem Meerwasser.

Gesprächig

Lauter als ein Rockkonzert sind die Gesänge eines Blauwals. Unter Wasser breitet sich Schall viel schneller aus als an der Luft. Mit ihren Rufen können sich die Tiere deshalb über Tausende Kilometer hinweg unterhalten. Wale und Delfine kommunizieren durch Pfeifen, Klicken, Quietschen, Schnattern und Brummen. Mithilfe von Schallwellen können sie sich außerdem unter Wasser orientieren. Dafür senden Zahnwale Ultraschalltöne aus. Das sind Töne, die so hoch sind, dass wir Menschen sie gar nicht hören können. Diese Laute prallen von Hindernissen wie Felsen, Pflanzen oder Tieren ab und werden zum Wal zurückgeworfen. Der weiß dadurch genau, wo sich ein Hindernis oder eine leckere Beute befindet. Forscher haben herausgefunden, dass sich Delfine sogar gegenseitig mit Namen „ansprechen".

ACHTUNG, GIFTIG

GEFÄHRLICHE MEERESBEWOHNER

Sie treiben anmutig durchs Wasser, springen in den Wellen oder schillern in den buntesten Farben: Die meisten Meerestiere sind schön anzusehen. Unter Wasser geht es aber hoch her. Räuber jagen ihre Beute, beißen mit spitzen Zähnen zu oder setzen gemeine Giftstoffe ein. Einige der gefährlichsten Tiere der Welt leben in den Ozeanen. Die gute Nachricht: Es ist eher unwahrscheinlich, dass du ihnen jemals begegnen wirst.

Glibberig und giftig

Hast du am Strand schon einmal eine angeschwemmte Qualle gesehen? Die schwabbeligen Tiere gehören zu den Nesseltieren, haben weder Gehirn noch Knochen und bestehen fast nur aus Wasser. Trotzdem sind sie ausgezeichnete Jäger, und einige Arten können auch dem Menschen gefährlich werden. Mit ihren langen, giftigen Tentakeln setzen Quallen ihre Opfer, etwa kleine Krebse oder Fische, außer Gefecht. Zu den giftigsten Tieren überhaupt gehört die Seewespe, eine Würfelqualle, die vor den Küsten Australiens lebt. Ihr Gift würde ausreichen, um bis zu 250 Menschen zu töten!

Fiese Fische

Auch bei den Fischen gibt es einige Arten, die dem Menschen gefährlich werden können. So zum Beispiel der Steinfisch, einer der giftigsten Fische der Welt: Er sieht aus wie ein Stein und ist deshalb am Meeresboden perfekt getarnt. Das Gift sitzt in Stacheln der Rückenflossen. Giftige Stacheln hat auch das Petermännchen, das sich gern in Sand oder Schlamm eingräbt. Dieser Fisch kommt auch in Nord- und Ostsee vor. Ein Stich ist sehr schmerzhaft. Besonders aggressive Fische sind die Barrakudas. Mit großen, scharfen Zähnen können sie tiefe Wunden reißen, wenn sie zum Beispiel nach glitzerndem Schmuck schnappen. Barrakudas leben vor allem in den warmen Gewässern rund um den Äquator.

Die Kegelschnecke ist zwar langsam, sollte aber nicht unterschätzt werden: Sie schießt Giftpfeile auf ihre Beutefische. Auch für Menschen ist das Gift sehr gefährlich.

Die Muräne sieht mit ihrem großen Maul um einiges gefährlicher aus, als sie ist. Sie kann zwar zuschnappen, aber dass Menschen gebissen werden, kommt nur selten vor. Die Wunde kann sich allerdings gefährlich entzünden.

Feuerquallen gibt es auch im Mittelmeer und in der Nord- und Ostsee. Ihre Berührung brennt stark auf der Haut. Du solltest ihnen aus dem Weg gehen!

Vor den tropischen Küsten im Indischen Ozean und im Pazifik leben Seeschlangen. Ihr Gift ist sehr gefährlich, aber sie sind glücklicherweise ziemlich beißfaul.

Die blau schimmernde Portugiesische Galeere sieht so ähnlich aus wie eine Qualle und gehört ebenfalls zu den Nesseltieren. Ihre Tentakel werden bis zu 50 Meter lang und sind für den Menschen hochgiftig.

Normalerweise leben Krokodile in Flüssen und Seen. Das Salzwasser- oder Leistenkrokodil kommt aber auch im Ozean vor. Es ist das größte lebende Krokodil und greift immer wieder auch Menschen an.

ABGEFAHREN!

DIE WUNDERSAME WELT DER OZEANE

Fetzenfisch

Forscher vermuten, dass mehr als die Hälfte aller Lebensformen in den Meeren bisher noch unbekannt ist. Jedes Jahr werden neue Arten entdeckt. Eins ist schon lange klar: Unter der Wasseroberfläche tut sich eine Welt voller faszinierender Kreaturen auf – einige davon sind auch echt seltsam oder ziemlich hässlich. Der Blobfisch aus der Tiefsee wurde sogar zum hässlichsten Tier der Welt gekürt. Überhaupt wimmelt es in der Tiefsee nur so von skurrilen Tieren: winzigen Anglerfisch-Männchen, die an den größeren Weibchen anwachsen, Asseln, so groß wie kleine Hunde, oder dem Dumbo-Kraken. Er wurde wegen seiner ohrenartig abstehenden Flossen nach dem Zeichentrick-Elefanten Dumbo benannt.

Zu Hause ist es am schönsten

Aber auch im flachen Wasser gibt es interessante Tiere. Sie stecken in der Erde, wiegen den Oberkörper hin und her und ernähren sich von vorbeischwimmenden Plankton: Röhrenaale sind die einzigen Wirbeltiere, die sich so gut wie gar nicht vom Fleck bewegen. Sie wohnen in Röhren, die sie in sandigen Boden graben. Bei Gefahr zieht sich der Röhrenaal in seine Röhre zurück. Auch der Wurzelkrebs bewegt sich nicht fort, seine Behausung dafür schon. Er lebt in anderen Krebsen und sorgt dafür, dass sich diese nicht mehr vermehren können.

Versteckspiel

Stets gut getarnt ist der Fetzenfisch. Der zottelige Fisch sieht aus wie eine Pflanze mit Blättern. Im Seegras kann er sich so perfekt verstecken. Der Fetzenfisch gehört zur Familie der Seenadeln und Seepferdchen. Seepferdchen und Seenadeln sind die einzigen bekannten Wirbeltiere, bei denen die Männchen die Eier ausbrüten. Mit dem Pferd hat das Seepferdchen übrigens nur die Kopfform gemeinsam. Es ist ein Fisch.

Dumbo-Krake

Eishai

Riesenassel

WOW!

REKORDE

Ältestes Wirbeltier
Der Eishai kann mindestens 400 Jahre alt werden.

Ältestes Tier
Antarktische Schwämme leben mehrere Tausend Jahre lang.

Kleinster Fisch
Der Schindlerfisch pflanzt sich schon mit 8 Millimetern Größe fort.

Größter Fisch
Der Walhai kann länger als 13 Meter werden, das ist so lang wie ein Bus.

Größtes Tier
Der Blauwal ist bis zu 33 Meter lang, 200 Tonnen schwer und sein Herz ist so groß wie ein Auto.

Röhrenaal

UNTER DRUCK

MEERESFORSCHUNG

Forschungstaucher sind speziell ausgebildet für die Arbeit unter Wasser. Sie nehmen zum Beispiel Proben, die dann an Land untersucht werden.

Die *Polarstern* ist ein sogenannter Eisbrecher. Das ist ein Schiff, das durch zugefrorene Meeresgebiete fahren kann.

Die Ozeane sind voller Leben, aber für den Menschen sind sie ein lebensfeindlicher Ort: Er kann weder unter Wasser atmen, noch dem riesigen Wasserdruck standhalten. Außerdem ist es dunkel und kalt. Trotzdem werden die Tiefen der Meere weiter erforscht. Neue Geräte und Fahrzeuge ermöglichen es den Wissenschaftlern, immer tiefer in die Unterwasserwelt vorzudringen. Die Meeresforschung hat viele verschiedene Fachgebiete: Meeresbiologen etwa untersuchen Tiere und Pflanzen im Meer. Die Meeresgeologie findet heraus, wie der Meeresboden entstanden ist und sich verändert. Ozeanografen analysieren den Zustand des Meeres, etwa Salzgehalt, Strömungen und Temperatur. Was würdest du erforschen?

Die Meere kennenlernen

Im Jahr 1872 bricht das britische Forschungsschiff *HMS Challenger* zu einer dreieinhalbjährigen Expedition um die Welt auf. Das ist der Beginn der modernen Meeresforschung. Das

Bis in eine Tiefe von **10.916 Metern** ist das Tauchboot *Trieste* im Jahr 1960 getaucht. An Bord waren die Tiefseeforscher Jacques Piccard und Don Walsh. Nur sehr wenige Menschen nach ihnen haben den tiefsten Punkt der Weltmeere im Marianengraben erreicht. Unter ihnen der Amerikaner Viktor Vescovo, der im Jahr **2019** mit einem speziellen Tauchboot zu den tiefsten Stellen aller fünf Ozeane getaucht ist.

Das amerikanische Unterwasserlabor *Aquarius* liegt vor der Küste Floridas. Dort können Wissenschaftler bis zu 14 Tage lang leben und arbeiten. Forscher, die sich eine Zeit lang unter Wasser aufhalten, werden Aquanauten genannt.

Der Begriff U-Boot wird vor allem für Unterwasser-Fahrzeuge benutzt, die militärisch eingesetzt werden, etwa um sich einem feindlichen Schiff unbemerkt zu nähern. Fahrzeuge, die zu Forschungszwecken untertauchen, heißen Tauchboote.

Schiff legt rund 130.000 Kilometer zurück. Zum ersten Mal werden die Ozeane, ihre Temperatur, Strömungen und Tiefen ganz genau erfasst. Die Forscher finden heraus, dass es Leben in der Tiefsee gibt – eine Sensation!

Im ewigen Eis

Im September 2019 brach das deutsche Forschungsschiff *Polarstern* für eine besondere Expedition in die Arktis auf. Das Schiff ließ sich mehrere Monate lang ohne eigenen Antrieb durch das Nordpolarmeer treiben – festgefroren an einer Eisscholle. Die Wissenschaftler an Bord des Schiffes erforschten den Ozean, das Eis, die Erdatmosphäre und das arktische Leben. Durch ihre Erkenntnisse wollten sie den Klimawandel besser verstehen. Der wirkt sich in der Arktis besonders stark aus.

SCHATZKAMMER

WIE DER MENSCH DAS MEER NUTZT

Fast **160 Millionen** Tonnen Fisch und Fischprodukte werden jährlich weltweit gegessen.

Bestimmt hast du schon einmal Urlaub am Meer gemacht. Sehr viele Menschen entspannen in den Ferien gerne am Strand und schwimmen in den Wellen. Das Meer fasziniert den Menschen schon immer. Er nutzt die Ozeane aber nicht nur zur Erholung. Sie liefern ihm auch Nahrung, Energie und zahlreiche Bodenschätze.

Reich gedeckter Tisch

Schon in der Steinzeit hat der Mensch Fisch gefangen. Das haben gefundene Angelhaken aus Knochen und Zähnen gezeigt. Später konnten mit Fisch ganze Schiffsmannschaften und Armeen ernährt werden. Er wurde dafür getrocknet und gesalzen und so haltbar gemacht. Fisch ist ein sehr gesundes Nahrungsmittel. Heute werden jedes Jahr Millionen Tonnen Fische und andere Meerestiere gefangen. Viele Menschen auf der ganzen Welt verdienen ihr Geld mit dem Fischfang oder der Verarbeitung davon.

Schätze am Boden

Im Meer leben nicht nur viele Tiere, es ist auch reich an Bodenschätzen. Am Meeresgrund gibt es wertvolle **Rohstoffe** wie Mangan, Kupfer, Eisen, Kobalt und Nickel. Das sind Stoffe, die für die Herstellung etwa von elektronischen Bauteilen und Smartphones benötigt werden. Sie sollen mit großen Geräten in der Tiefsee abgebaut werden. Außerdem liegen unter dem Meeresboden große Erdöl- und Erdgasvorkommen. Um sie heraufzuholen, wurden riesige Bohrinseln im Meer gebaut. Die Bohrinseln sind wie kleine Städte. Die Arbeiterinnen und Arbeiter leben dort mehrere Wochen am Stück.

AHA!

LEERGEFISCHT

Weil Fisch ein so beliebtes Nahrungsmittel ist, wird immer mehr davon gefangen. Die Schiffe werden größer und leistungsstärker und setzen riesige Netze ein. So kommt es zu Überfischung. Überfischung bedeutet, dass mehr Fische gefangen werden, als nachwachsen können. Manche Fischarten sind deshalb stark gefährdet oder sogar vom Aussterben bedroht. Außerdem landen in den großen Netzen unzählige Muscheln, Krebse und Fische, die niemand essen möchte, aber auch Wale, Delfine oder Schildkröten. Das nennt man Beifang. Es gibt Fischer, die schonendere Fangmethoden einsetzen und nicht zu viele Fische von einer Art fangen. Das wird nachhaltige Fischerei genannt. Verschiedene Siegel kennzeichnen diese Produkte.

In manchen Küstenbereichen stehen Windräder im Wasser und bilden einen sogenannten Windpark. Aus dem über dem Meer wehenden Wind wird Strom erzeugt. Auch aus der Kraft der Wellen kann Energie gewonnen werden.

Das Heraufholen von Erdöl und Erdgas wird Fördern genannt. Manche Bohrinseln schwimmen auf dem Meer, andere sind am Meeresboden befestigt.

MEHR ALS HEISSE LUFT

MEER UND KLIMA

Die Ozeane produzieren rund **50 %** des Sauerstoffs in der Erdatmosphäre.

Normalerweise wachsen so weit im Norden keine Palmen. Doch durch den Golfstrom ist das Klima an der Südwestküste Irlands mild genug.

AHA!

DIE ERDE HEIZT SICH AUF

Wahrscheinlich hast du schon einmal vom Klimawandel gehört. Das Klima auf der Erde ändert sich immer wieder. Mal ist es kälter, mal wärmer. Das kann natürliche Ursachen haben. Es gibt aber einen durch den Menschen verursachten Klimawandel. Der sorgt dafür, dass es auf der Erde immer wärmer wird. Schuld daran sind sogenannte Treibhausgase wie Kohlendioxid und Methan. Sie entstehen zum Beispiel bei der Verbrennung von Kohle, Öl und Gas, um Energie zu erzeugen. Die Treibhausgase steigen in die Atmosphäre der Erde auf. Dort sorgen sie dafür, dass überschüssige Wärme nicht ins All abstrahlen kann, sondern sich auf der Erde staut. Wie in einem Gewächshaus mit dicken Glasscheiben, auch Treibhaus genannt. Das ist der Treibhauseffekt.

An vielen Orten am Meer herrscht ein mildes Klima. Es wird im Sommer nicht brütend heiß und im Winter nicht eisig kalt. Das liegt an den großen Wassermassen der Ozeane: Wasser nimmt Sonnenstrahlung auf, kann große Mengen Wärme speichern und ganz langsam wieder abgeben. So senkt das Meer im Sommer die Temperatur an Land. Im Winter hebt es sie etwas. Bestimmt hast du auch schon einmal bemerkt, dass sich ein heißer Tag am Meer viel leichter ertragen lässt, oder?

Wärmeverteiler

Die Ozeane spielen eine sehr wichtige Rolle für das Klima. Wie eine riesige Klimaanlage gleichen sie extreme Temperaturschwankungen auf der Erde aus. Das Wasser ist ständig in Bewegung. Warme und kalte Wassermassen werden wie auf riesigen Fließbändern um die Erde transportiert. Sie bestimmen nicht nur Wetter und Klima direkt an den Küsten, sondern überall auf der Welt. Ein Beispiel: Der Golfstrom bringt Wasser, das am Äquator aufgewärmt wurde, Richtung Norden. Das warme Wasser erwärmt die Luft über dem Meer. Winde blasen die warme Luft über den europäischen Kontinent und sorgen so dafür, dass es etwa bei uns in Deutschland nicht zu kalt wird. Ohne den Golfstrom wäre es etwa 10 Grad kälter. Er ist die Warmwasserheizung Europas.

Sauerstofffabrik

Es gibt noch eine weitere Funktion, die die Ozeane übernehmen: Sie speichern nicht nur Wärme, sondern auch große Mengen Kohlendioxid (kurz CO_2). Das ist ein Gas, das auch in der Luft vorkommt. Pflanzliches Plankton wiederum wandelt CO_2 mithilfe von Sonnenenergie in Zucker und Sauerstoff um. Sauerstoff brauchen wir zum Atmen. Diesen Vorgang nennt man Fotosynthese. Kälteres Wasser kann mehr CO_2 aufnehmen als wärmeres.

IN SCHLECHTEM ZUSTAND

OZEANE IN GEFAHR

Durch den Klimawandel schmilzt das Eis am Nordpol – und der Eisbär verliert seinen Lebensraum.

Ausgetretenes Öl verklebt Seevögeln das Gefieder. Beim Versuch, sich mit dem Schnabel zu reinigen, nehmen die Tiere Öl auf und vergiften sich.

AHA!

SAURES MEER

Je mehr Kohlendioxid in der Luft enthalten ist, desto mehr nehmen die Meere auf. Im Wasser wandelt sich das Gas zum Teil zu Kohlensäure. Die kennst du auch, weil sie in kleinen Mengen in Sprudelwasser enthalten ist. Das Meer wird dadurch saurer. Das bedeutet nicht, dass das Meerwasser so sauer schmeckt wie eine Zitrone. Aber die Tiere und Pflanzen, die darin leben, merken es. Die Kalkschalen von Korallen, Muscheln und Schnecken etwa werden in saurem Wasser dünner oder lösen sich sogar ganz auf.

Seit Ende 2018 gehen Kinder und Jugendliche in vielen Ländern der Welt immer wieder auf die Straße, um zu protestieren. Sie fordern, dass sich die Politikerinnen und Politiker gegen den Klimawandel einsetzen.

Wärmeres Wasser bedeutet auch mehr Wasserdampf. Dadurch gibt es zahlreichere und stärkere tropische Wirbelstürme.

Die Ozeane spielen eine wichtige Rolle für das Klima auf der Erde – aber das Klima beeinflusst auch die Ozeane. Die Erderwärmung heizt die Meere auf. Das hat Folgen für alle Meeresbewohner. In wärmerem Wasser breiten sich etwa Krankheiten schneller aus. Die Salzkonzentration und Meeresströmungen verändern sich. Außerdem steigt der Meeresspiegel, weil Gletscher schmelzen und das Schmelzwasser ins Meer gelangt. Dadurch könnten in Zukunft ganze Städte an den Küsten überflutet werden. Der Klimawandel ist aber nicht das einzige Problem, das die Ozeane haben.

Schmutziges Meer

Am 20. April 2010 explodiert die Bohrinsel „Deepwater Horizon" vor der amerikanischen Küste. Hunderte Millionen Liter Öl fließen ins Meer. Wie ein dicker, schwarzer Teppich schwimmt es auf dem Wasser. Daran sterben unzählige Meerestiere und -pflanzen. Das Öl erreicht auch die Küsten. Es ist eine der schwersten Umweltkatastrophen aller Zeiten. Zu Unfällen auf Bohrinseln oder Unglücken mit Öltankern kommt es immer wieder. Es dauert oft Monate, bis das ausgelaufene Öl beseitigt ist. Auch Abwässer, die in großen Fabriken anfallen, Dünger und Reinigungsmittel gelangen in die Meere. Sie enthalten gefährliche Chemikalien und Schadstoffe.

Lautes Meer

Riesige Schiffe, Baggerarbeiten, Bohrungen – unter Wasser herrscht ohrenbetäubender Lärm. Viele Meerestiere, etwa Wale, Delfine und einige Fische, nutzen Schall, um sich zu orientieren oder zu verständigen. An die natürlichen Hintergrundgeräusche wie Wind oder Regen sind sie gewöhnt. Die vielen neuen Geräusche und deren Lautstärke bringen sie aber durcheinander. Auch andere Tiere leiden unter dem Lärm, werden abgelenkt oder sind gestresst.

ÜBERALL MÜLL

PLASTIK IN DEN OZEANEN

Durch Meeresströmungen sammelt sich an manchen Stellen besonders viel Müll an, etwa im Nordpazifik zwischen Nordamerika und Asien. Diese Müllansammlung wird der „Große Pazifische Müll-Teppich" genannt.

Nicht nur Muscheln und Algen werden an die Strände gespült, sondern immer öfter auch – Plastik! Die Meere sind voll von Plastiktüten, Flaschen, alten Zahnbürsten, einzelnen Badelatschen und was noch alles im Müll landet. Das Problem: Plastik verrottet extrem langsam. Eine im Meer treibende Plastiktüte ist erst nach 20 Jahren vollständig abgebaut, eine Plastikflasche sogar erst nach 450 Jahren!

Schädlich für viele Tiere

Plastik kann für die im Meer lebenden Tiere auf viele Arten gefährlich werden. Manche verwechseln die Plastikteile mit Nahrung und verschlucken sie. Sie können dadurch ersticken oder verhungern, weil das Plastik den Verdauungstrakt verstopft und nicht verdaut werden kann. Andere Tiere verfangen sich in größeren Gegenständen und können sich nicht mehr befreien. Bis sich die Plastikteile im Meer ganz aufgelöst haben, zerfallen sie in immer kleinere Kunststoffteilchen. Diese werden **Mikroplastik** genannt. Tiere nehmen sie auf, ohne es zu merken. Wissenschaftler haben Mikroplastik zum Beispiel in vielen Fischen gefunden. So kann es passieren, dass auch der Mensch die winzigen Teilchen zu sich nimmt.

Den Meeren helfen

Verschmutzung, Überfischung, Erwärmung – das klingt alles ganz furchtbar? Zum Glück werden schon viele Dinge unternommen, um die Ozeane zu retten. Verschiedene Schutzvorgaben sollen helfen, die Natur zu schonen, zum Beispiel das Verbot bestimmter Fangmethoden. Es gibt aber nur wenige Meeresschutzgebiete, in denen weder Fische gefangen noch Rohstoffe abgebaut werden dürfen. Auch du kannst etwas tun: Achte beispielsweise darauf, Plastik im Alltag zu vermeiden und den anfallenden Müll richtig zu entsorgen. Im Supermarkt solltest du nur Fisch kaufen, der mit nachhaltigen Methoden gefangen wurde. Außerdem kannst du dich für den Klimaschutz einsetzen und so dafür sorgen, dass auch den Ozeanen geholfen wird.

MERKZETTEL

DIE MEERE SCHÜTZEN

- Fisch aus nachhaltiger Fischerei kaufen
- Plastik vermeiden: zum Beispiel Stofftaschen statt Plastiktüten verwenden
- Müll richtig trennen und entsorgen
- Die Strände sauber halten
- CO_2 sparen: zum Beispiel weniger Auto fahren
- Sich für Klima- und Umweltschutz einsetzen

Bis zu **13 Millionen** Tonnen Plastikmüll gelangen jährlich ins Meer. Forscher gehen davon aus, dass ab dem **Jahr 2050** mehr Plastik im Meer schwimmen wird als Fische.

Schildkröten verwechseln im Wasser treibende Plastiktüten mit Quallen, die sie gerne fressen.

SCHAUERGESCHICHTEN

UNHEIMLICHES MEER

Meerjungfrauen sind beliebte Galionsfiguren. Die Galionsfigur vorn am Schiff soll es vor Unglück bewahren und auf Kurs halten.

Aufnahmen von Riesen-Kalmaren in ihrer natürlichen Umgebung sind extrem selten. Die Tiere leben tief im Meer und sind sehr scheu.

AHA!

GEFÜRCHTETE PIRATEN

Bereit zum Entern! Seeräuber, die Schiffe kapern und dabei reiche Beute machen, gab es wirklich – und gibt es noch immer. Seit Beginn der Seefahrt hatten es Menschen auf die großen Handelsschiffe und deren Ladung abgesehen. Viele Piraten hatten sogar den offiziellen Auftrag ihres Königs, feindliche Schiffe zu plündern. Auch heute noch werden Schiffe überfallen. Die modernen Piraten kommen aber nicht mit Segelschiffen. Sie pirschen sich mit kleinen, schnellen Motorbooten an und versuchen, an Bord zu gelangen. Meistens wollen sie nichts erbeuten, sondern fordern Lösegeld vom Schiffsbesitzer.

Mit „Seemannsgarn“ sind übertriebene, größtenteils erfundene Geschichten gemeint. Früher mussten die Matrosen auf dem Schiff alte Taue reparieren und neu aufwickeln. Dabei erzählten sie sich Geschichten. So entstand der Ausdruck „Seemannsgarn spinnen“.

Meere und Ozeane stecken voller Geheimnisse. Bevor Wissenschaftler die Möglichkeit hatten, die Unterwasserwelt zu erforschen, erzählten sich die Menschen Geschichten von schaurigen Ungeheuern und wundersamen Kreaturen. Auch heute noch fehlen manchmal Erklärungen für Dinge, die auf dem Meer passieren, oder für Meeresbewohner, die entdeckt werden. So sind zahlreiche Märchen, Mythen und Erzählungen rund um die Weiten der Ozeane entstanden. Bestimmt hast du schon einmal von Meerjungfrauen, Seeungeheuern oder dem sagenumwobenen Bermudadreieck gehört?

Seemannsgarn

Früher verbrachten Seemänner oft Monate auf See, lebten auf engstem Raum zusammen und waren Stürmen und Unwettern ausgesetzt. An Bord herrschte angespannte Stimmung. Die führte dazu, dass sich unheimliche Geschichten unter den leichtgläubigen Matrosen schnell verbreiteten. Hinzu kam Langeweile, aber auch Prahlerei, wenn die Seefahrer nach ihrer Heimkehr in den Geschichten etwas übertrieben. So wurde aus dem Riesenkalmar, der mehrere Meter lang werden kann, ein Ungeheuer, das ganze Schiffe versenkt haben soll.

Ein Fünkchen Wahrheit

Immer wieder berichteten Seemänner von Meerjungfrauen, die sich auf Felsklippen sonnten. Es wird vermutet, dass es sich dabei um Seekühe oder andere Tiere gehandelt haben könnte. Vielleicht sahen die aus der Ferne durch eine Luftspiegelung oder eine andere optische Täuschung aus wie eine Frau mit Flosse. Im sogenannten Bermudadreieck, einem Meeresgebiet im Atlantik zwischen Nord- und Südamerika, sollen Schiffe spurlos verschwunden sein. Die Erklärungen reichen von Außerirdischen über Monsterkraken bis zu Zauberkraft. Tatsächlich kommt es dort aber immer wieder zu schweren Stürmen, unvorhersehbaren Gewittern und riesigen Wellen, die den Schiffen zum Verhängnis werden.

Die Totenkopf-Flagge, ein weißer Schädel auf schwarzem Untergrund, gilt seit Jahrhunderten als Erkennungszeichen der Piraten.

GLOSSAR

Element
Chemischer Stoff und Grundeinheit. Elemente können in Reinform oder als Verbindung auftreten. Wasser (H_2O) ist eine Verbindung der Elemente Wasserstoff (H) und Sauerstoff (O).

Erdatmosphäre
Gasförmige Hülle um die Erde. Auch andere Himmelskörper wie Sterne und Planeten haben eine Atmosphäre.

Festland
Größere Landfläche, der Teil der Erdoberfläche, der sich über den Meeresspiegel erhebt.

Gezeiten
Der Wechsel von Ebbe (niedriger Meeresspiegel) und Flut (hoher Meeresspiegel). Die Gezeiten werden von Erde, Mond und Sonne bestimmt.

Klimawandel
Wenn sich das Wetter auf der Erde über einen längeren Zeitraum hinweg ändert, es also durchschnittlich wärmer oder kälter wird. Passiert normalerweise so langsam, dass die Natur genug Zeit hat, sich an die Veränderungen anzupassen. Beim vom Menschen verursachten Klimawandel erwärmt sich die Erde sehr schnell.

Kontinentalkruste
Teil der Erdkruste, der äußersten Schale der Erde. Die Landmassen der Erde bestehen aus Kontinentalkruste, der Meeresboden aus ozeanischer Kruste. Die kontinentale Kruste ist leichter, aber dicker als die ozeanische.

Krill
Kleine Krebstiere, die meist kleiner als 6 Zentimeter bleiben; nur wenige Arten können bis zu 15 Zentimeter erreichen.

Lava
Magma, das bei einem Vulkanausbruch aus der Erde quillt. Im Magma eingeschlossene Gase können dann in die Luft entweichen.

Magma
Heißer, zähflüssiger Brei aus geschmolzenem Gestein im Inneren der Erde.

Meeresschnee
Ausscheidungen und Überreste von Tieren und Pflanzen, die von der Wasseroberfläche in die Tiefen des Meeres absinken.

Meeresspiegel
Die Höhe der Meeresoberfläche. Der aktuelle Meeresspiegel schwankt und hängt von Gezeiten, Wind, Wellen und Strömungen ab.

Mikroplastik
Unlösliche Plastikteilchen, die kleiner als 5 Millimeter sind.

Mittelozeanischer Rücken
Unterwassergebirgskette, die dort entsteht, wo sich zwei Erdplatten auseinanderbewegen. Flüssiges Magma steigt nach oben und bildet neue ozeanische Kruste.

Nahrungsnetz
Beziehungen zwischen Lebewesen, die sich voneinander ernähren (Pflanzen, Pflanzenfresser und Fleischfresser).

Plankton
Winzig kleine Meerestiere, -pflanzen und -algen, die nicht selbst gegen Strömungen anschwimmen können.

Rohstoff
Ein Stoff aus der Natur, den der Mensch verwenden kann. Er ist unbearbeitet, also roh.

Sauerstoff
Chemisches Element mit dem Symbol O. Tritt als Gas auf. Die Luft auf der Erde besteht zu etwa einem Fünftel aus Sauerstoff. Fast alle Lebewesen benötigen Sauerstoff zum Leben.

Schwimmblase
Luftgefülltes Organ der Knochenfische. Dank der Schwimmblase können Fische im Wasser schweben.

Subduktionszone
Gebiet, in dem Erdplatten aufeinandertreffen und sich eine schräg unter die andere schiebt. In diesen Regionen kommt es häufig zu Erdbeben.

Tsunami
Eine riesige Welle, die entsteht, wenn der Meeresboden durch ein Erdbeben oder einen Vulkanausbruch erschüttert wird.

Wasserstoff
Chemisches Element mit dem Symbol H, Bestandteil von Wasser.

BILDERVERZEICHNIS

Adobe Stock

6f. (gr. Bild) artifirsov; 8f. (gr. Bild) sdecoret, u. Mariana; 9 m. l., Givaga, m. toa555, r. Serghei Velusceac, o. peangdao; 10f. (gr. Bild) Rico Ködder; 11 o. medistock, u. Vadimsadovski; 13 o. the_lightwriter, u. mozZz; 14f (gr. Bild) estivillml, m. Jairo Díaz; 15 u. Fotolia Premium; 16f. (gr. Bild) Björn Wylezich, 16 m. markus thoenen, o. Friedberg; 17 m. l. Maria, o. r. Hans Peter Denecke; 18 l. o. Alexander Demyanenko, l. u. James White/Danita Delimont, r. u. AIDAsign; 20f. (gr. Bild) DJ; 23 o. r. staphy; 24 o. cbpix; 25 o. r. tolly65, r. u. mauriziobiso; 28f. (gr. Bild) Dudarev Mikhail, u. l. lotus_studio; 32 u. l. s Carlos, u. r. michaelgeyer; 33 m. Jan Finsterbusch; 34 m. l. Charlotte; 35 o. r. Aggi Schmid; 36 u. l. Marta Smaga; 40 o. l. mekanphotography; 45 m. l. renatehenkel; 46 o. l. Paul Souders/Danita Delimont; 49 u. r. willyam; 51 u. r. moonrun; 52 u. l. RLS Photo

Alamy Stock Photo

12f. (gr. Bild) World History Archive; 24f. (gr. Bild) Martin Strmiska; 30f. (gr. Bild) Frank Hecker; 34f. (gr. Bild) Martin Strmiska; 36f. (gr. Bild) Helmut Corneli; 41 u. r. SeaTops; 50f. (gr. Bild) ClassicStock; 44 l. Kuttig - Travel - 2

Istock

3 m. atese; 4 o. Eloi_Omella; 18f. (gr. Bild), 53 o. Igor Alecsander; 20 o. r. tunart; 26f. (gr. Bild) IvanaOK; 28 o. l. aurigadesign, o. r. cinoby; 29 u. l., ifish; 30 m. vlad61; 32f. (gr. Bild), 55 Ramon-Carretero; 37 m. l. RibeirodosSantos; 42f. (gr. Bild) DigiClicks; 45 o. l. baona; 47 m. l. koto_feja; 48f. (gr. Bild) FabioFilzi; 50 o. l. Tramont_ana

Nature Library

23 u. Shane Gross; 27 u. r. Solvin Zankl; 30 u. l. Chris & Monique Fallows; 31 u. r. Wild Wonders of Europe / Zankl; 34 u. l. Kathryn Jeffs; 35 m. r. Tony Wu; 37 o. r. MYN / Paul Marcellini, u. Jurgen Freund; 38f. (gr.Bild) Constantinos Petrinos; 39 o. r. Doug Perrine

Shutterstock

21 o. Steffen Foerster; 43 u. r. Christopher Poe; 44f. (gr. Bild), ESB Professional; 46 m. l. Corepics VOF

Wikimedia Commons

20 l. u. MARUM – Zentrum für Marine Umweltwissenschaften, Universität Bremen; 21 o. Gabriel Barathieu, 27 r. o. NOAA/MBARI, m. kein Autor, l. u. Gabriel Barathieu; 36 m. r. Kerry Matz National Institute of General Medical Services; 37 o. l. Alberto Romeo; 39 o. l. NOAA Okeanos Explorer, m. r. NOAA, 39 u. r. Gerbil; 40f. (gr. Bild) Hannes Grobe, Alfred Wegener Institute; 41 o. l. o. r. Z22, 41 m. r. National Oceanic and Atmospheric Administration; 43 o. r. Impériale; 47 o. r. Marlin Helene, FridaysForFuture Deutschland; 50 o. r. Popular Science Monthly Volume 35, Quelle unbekannt; 50 u. l. Jean Leon Jerome Ferris

Andreas Rückener

23 o. l.

SO HAST DU DEN WELTRAUM NOCH NICHT ERLEBT!
WELTRAUM
ALLES ÜBER UNSER SONNENSYSTEM
ERLEBE DEN WELTRAUM MIT DEINER VR-BRILLE
CARLSEN
INKLUSIVE VR-BRILLE
Welches ist der größte Planet? Wie heißt dieses Sternenbild? Was erforscht ein Astronaut? Mit der beiliegenden VR-Brille wird das Wissen wirklich erfahrbar und begreifbar: Schau dir die Planeten und Sterne in 3-D aus nächster Nähe an und verstehe anhand von bewegten 3-D-Modellen komplexe Vorgänge wie die Entstehung der Jahreszeiten oder Mondphasen.
Lade die kostenlose Carlsen Weltraum VR-App herunter!
VR
Laden im App Store
JETZT BEI Google Play
CARLSEN
www.carlsen.de

OZEANEUM Stralsund

Eine Reise durch die Unterwasserwelt mit Erlebnisausstellungen und 50 Aquarien

Eine Stiftung – vier Museen

Das OZEANEUM Stralsund ist einer von insgesamt vier Standorten des Deutschen Meeresmuseums.

Mehr Infos unter **www. kindermeer.de** oder **www.deutsches-meeresmuseum.de**.

Die wenigsten Menschen haben einen Wal in freier Wildbahn gesehen. In der Ausstellung „1:1 Riesen der Meere“ tauchst Du ab zu Walmodellen in Originalgröße. Eine Licht- und Tonshow mitsamt Walgesängen nimmt Dich mit in die geheimnisvollen Tiefen der Meere. Erlebe die Faszination und Bedrohung der Meeresriesen hautnah!

Rekord!

Auf der Suche nach seiner Lieblingsspeise, einem Riesenkalmar, taucht der Pottwal bis zu drei Kilometer tief und bleibt dabei bis zu 100 Minuten unter Wasser – ohne Luft zu holen!

Fotos: Johannes-Maria Schlorke

Humboldt-Pinguine leben an der Küste Südamerikas, wo sie in Höhlen brüten. Zum Jagen ihrer Beute halten sie sich im Wasser auf. Die flugunfähigen Vögel nutzen dabei ihre Flügel zum Schwimmen und Abtauchen. Im OZEANEUM kannst Du sie in ihrem 120 000 Liter Becken dabei beobachten!

Mahlzeit!

Humboldt-Pinguine fressen am liebsten Schwarmfische wie Sardinen. Täglich um 12 Uhr findet auf der Dachterrasse des OZEANEUMs eine kommentierte Fütterung der Pinguine statt.

Wow!

Die Scheibe des großen Panoramafensters ist so dick wie ein Schullineal lang ist – 30 cm – um dem großen Wasserdruck standhalten zu können.

Das Becken „Offener Atlantik“ ist mit 2,6 Millionen Liter Wasser das größte Aquarium im OZEANEUM. Hier tummeln sich Haie, riesige Makrelenschwärme und elegant schwebende Rochen.

Programmieren kinderleicht!

€ (D) 14,99 | € (A) 15,50

Mit diesem Buch lernen Jungs und Mädchen spielerisch und innovativ Programmieren. Unterschiedlichste Übungen bilden ein tiefes und grundlegendes Verständnis über die Grundlagen und Konzepte des Programmierens, z.B. Algorithmen, Variablen, if-else-Bedingungen.

Auf jeder Buchseite wird der gerade erlernte Lerninhalt in spannenden App-Spielen abgefragt und somit vertieft. Das Kind bekommt mit dem Smartphone die Möglichkeit, direkt im Buch die Programmieraufgaben zu lösen.

SO GEHT'S

1. Buch »Einfach Programmieren für Kinder« aufschlagen.
2. »Clever Programmieren«-App herunterladen und öffnen.
3. Pro Doppelseite das passende Symbol auswählen, Spiel starten und schon lernt und spielt dein Buch mit dir!

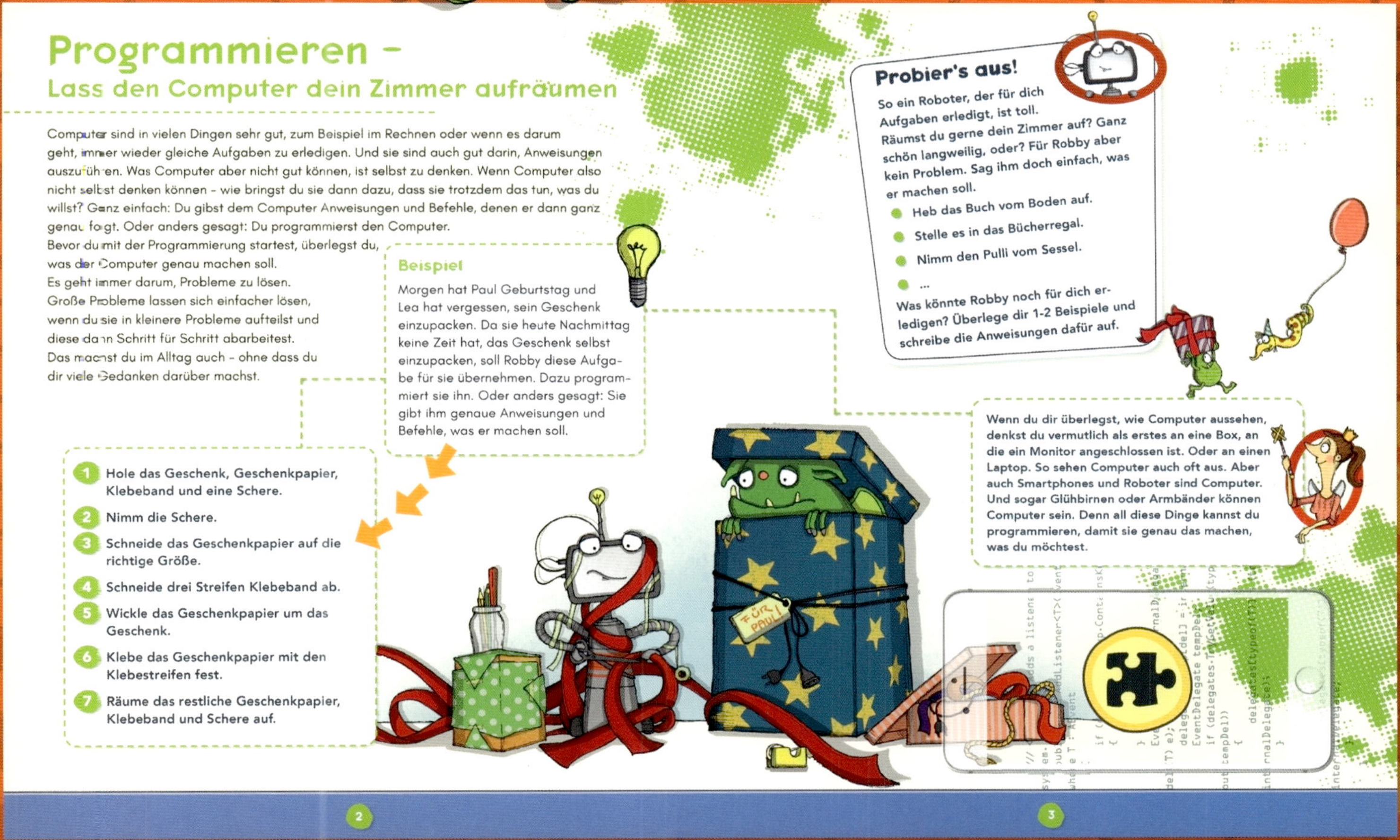

Programmieren – Lass den Computer dein Zimmer aufräumen

Computer sind in vielen Dingen sehr gut, zum Beispiel im Rechnen oder wenn es darum geht, immer wieder gleiche Aufgaben zu erledigen. Und sie sind auch gut darin, Anweisungen auszuführen. Was Computer aber nicht gut können, ist selbst zu denken. Wenn Computer also nicht selbst denken können – wie bringst du sie dann dazu, dass sie trotzdem das tun, was du willst? Ganz einfach: Du gibst dem Computer Anweisungen und Befehle, denen er dann ganz genau folgt. Oder anders gesagt: Du programmierst den Computer.
Bevor du mit der Programmierung startest, überlegst du, was der Computer genau machen soll.
Es geht immer darum, Probleme zu lösen.
Große Probleme lassen sich einfacher lösen, wenn du sie in kleinere Probleme aufteilst und diese dann Schritt für Schritt abarbeitest.
Das machst du im Alltag auch – ohne dass du dir viele Gedanken darüber machst.

Beispiel

Morgen hat Paul Geburtstag und Lea hat vergessen, sein Geschenk einzupacken. Da sie heute Nachmittag keine Zeit hat, das Geschenk selbst einzupacken, soll Robby diese Aufgabe für sie übernehmen. Dazu programmiert sie ihn. Oder anders gesagt: Sie gibt ihm genaue Anweisungen und Befehle, was er machen soll.

1. Hole das Geschenk, Geschenkpapier, Klebeband und eine Schere.
2. Nimm die Schere.
3. Schneide das Geschenkpapier auf die richtige Größe.
4. Schneide drei Streifen Klebeband ab.
5. Wickle das Geschenkpapier um das Geschenk.
6. Klebe das Geschenkpapier mit den Klebestreifen fest.
7. Räume das restliche Geschenkpapier, Klebeband und Schere auf.

Probier's aus!

So ein Roboter, der für dich Aufgaben erledigt, ist toll. Räumst du gerne dein Zimmer auf? Ganz schön langweilig, oder? Für Robby aber kein Problem. Sag ihm doch einfach, was er machen soll.

- Heb das Buch vom Boden auf.
- Stelle es in das Bücherregal.
- Nimm den Pulli vom Sessel.
- ...

Was könnte Robby noch für dich erledigen? Überlege dir 1-2 Beispiele und schreibe die Anweisungen dafür auf.

Wenn du dir überlegst, wie Computer aussehen, denkst du vermutlich als erstes an eine Box, an die ein Monitor angeschlossen ist. Oder an einen Laptop. So sehen Computer auch oft aus. Aber auch Smartphones und Roboter sind Computer. Und sogar Glühbirnen oder Armbänder können Computer sein. Denn all diese Dinge kannst du programmieren, damit sie genau das machen, was du möchtest.

2

3

Lade dir die kostenlose App Clever Programmieren herunter!

Laden im App Store

JETZT BEI Google Play

CARLSEN
www.carlsen.de

ENTDECKE UNSEREN WUNDERBAREN PLANETEN!

- Was machen Tintenfische hoch oben in den Bergen?
- Wieso ist die Erde im Sommer weiter von der Sonne entfernt als im Winter?
- Warum sorgen sich alle wegen der Klimaveränderung?
- Und was haben Vulkane mit manchen Küchen-Arbeitsplatten zu tun?

Dieses Buch ist eine spannende Reise vom Erdkern bis zur obersten Schicht der Erdatmosphäre, vom Regenwald über den Äquator bis zu den Schneeflächen an den Polen, und von der Geburt der Erde bis zu ihrem unvermeidbaren Ende. Selten haben wir so gut gezeigt bekommen, auf welch wunderbarem Planeten wir leben!

Zu Besuch bei den Nachbarn

Etwa gleichzeitig mit der Erde ist der Rest unseres Sonnensystems entstanden. Es ist eine bunte Mischungaus Planeten, Monden und weniger runden Himmelskörpern. Manche Planeten ähneln der Erde ein wenig – aber viel stärker wiegen die Unterschiede.

Die Erde in Zahlen

- Der größte Kreis, den man um die Erde herum ziehen kann, ist gut 40.000 Kilometer lang. Das ist der Äquator, der die Erdkugel in eine nördliche und eine südliche Hälfte teilt. Könntest du genau am Äquator entlang laufen, wärst du beinahe ein Jahr lang unterwegs, ohne Pausen.
- Der höchste Ort der Erde ist die Spitze des Mount Everest (8848 Meter), und der tiefste Ort ist der Boden des Mariannengrabens (ungefähr 11 Kilometer unter Wasser).
- Am kältesten ist es in der Antarktis, wo einmal -89 Grad Celsius gemessen wurden. Der heißeste Flick ist das Death Valley in den Vereinigten Staaten mit 56 Grad im Schatten. Durchschnittlich ist es auf unserem Planeten etwa 14 Grad warm.
- Die Erde rauscht mit 107.000 Stundenkilometern um die Sonne. Dafür braucht s[ie] etwa ein Jahr. Der durchschnittliche Abstand zur Sonne beträgt beinahe 150 Millio[nen] nen Kilometer. Unser Mond ist nur 382.400 Kilometer von der Erde entfernt.

Der Merkur ist voller Krater, genau wie unser Mond.
Die Venus hat eine dicke, giftige Wolkendecke.
Die Erde: dein Zuhause
Der Mars ist rotbraun, durch all das rostende Eisen in seinem Boden.
Den Jupiter erkennst du an seinen farbigen Wolkenstreifen.
Saturn ist der Planet mit den prächtigen Ringen.
Uranus liegt auf seiner Seite: Der Planet dreht sich nicht, sondern rollt.
Neptun ist am weitesten entfernt, und er ist noch blauer als die Erde.